A EUROPA ALEMÃ

ULRICH BECK

A EUROPA ALEMÃ

A crise do euro e as novas perspectivas de poder

Tradução de
Kristina Michahelles

1ª edição

Paz & Terra
Rio de Janeiro | São Paulo
2015

© Suhrkamp Verlag Berlin, 2012.
Todos os direitos reservados e controlados pela Suhrkamp Verlang Berlim.
Copyright da tradução © Editora Paz e Terra, 2015.

Tradução: Kristina Michahelles
Revisão Técnica: Bruno de Moura Borges

Direitos de edição da obra em língua portuguesa no Brasil adquiridos pela EDITORA PAZ E TERRA. Todos os direitos reservados. Nenhuma parte desta obra pode ser apropriada e estocada em sistema de bancos de dados ou processo similar, em qualquer forma ou meio, seja eletrônico, de fotocópia, gravação etc., sem a permissão do detentor do copyright.

Editora Paz e Terra Ltda.
Rua do Paraíso, 139, 10º andar, conjunto 101 – Paraíso
São Paulo, SP – 04103000
http://www.record.com.br

Seja um leitor preferencial Record.
Cadastre-se e receba informações sobre nossos lançamentos e nossas promoções.
Atendimento e venda direta ao leitor:
mdireto@record.com.br ou (21)2585-2002

Texto revisado segundo o novo Acordo Ortográfico da Língua Portuguesa.

CIP-BRASIL. CATALOGAÇÃO NA FONTE
SINDICATO NACIONAL DOS EDITORES DE LIVROS, RJ

B355e

Beck, Ulrich, 1944-
 A Europa alemã: a crise do euro e as novas perspectivas de poder / Ulrich Beck; tradução Kristina Michahelles. – 1ª ed. – São Paulo: Paz e Terra, 2015.
 128 p.: il.; 21 cm.

 Tradução de: das deutsche europa
 ISBN 978-85-7753-252-0

 1. Euro. 2. Alemanha – Condições econômicas. 3. Europa – Condições econômicas. I. Título.

14-17786

CDD: 330.943086
CDU: 330(430)(09)

Impresso no Brasil
2015

Para Elisabeth

Sumário

Apresentação à edição brasileira — Bruno de Moura Borges ... 9

Prefácio ... 15

Introdução
A Alemanha ante a decisão sobre o "ser ou não ser" da Europa ... 19

I. Como a crise do euro dilacera — e une — a Europa
1. A política de austeridade alemã divide a Europa: os governos concordam, a população é contra ... 23
2. Sobre as conquistas da União Europeia ... 29
3. A cegueira da economia ... 33
4. Política interna europeia: o conceito de política caracterizada por Estados nacionais é anacrônico ... 37
5. A crise da União Europeia não é uma crise da dívida ... 42

II. As novas coordenadas do poder na Europa e as origens da Europa alemã
1. A Europa ameaçada e a crise da política ... 45
2. A nova paisagem do poder na Europa ... 69

    3. "Merkiavel": Hesitação enquanto tática
       para domar   78

III. **Um pacto social para a Europa**
    1. Mais liberdade com mais Europa   105
    2. Mais segurança social com mais Europa   110
    3. Mais democracia com mais Europa   112
    4. A questão do poder: quem faz vigorar
       o contrato social?   119
    5. Uma primavera europeia?   122

Apresentação à Edição Brasileira

*Bruno de Moura Borges**

O SOCIÓLOGO ALEMÃO ULRICH Beck dispensa maiores apresentações. Atualmente dando aulas na Universidade de Munique e na London School of Economics, Beck é um dos principais estudiosos da modernidade e seu trabalho sociológico fornece alguns parâmetros fundamentais à discussão contemporânea sobre o mundo atual e os desafios do século XXI. Com Anthony Giddens, ainda na década de 1980, Beck foi responsável pela criação do termo "sociedade de risco", em que ressalta uma das principais características da modernidade tardia: viver sob a égide do risco constante cria um sentido de angústia e de emergência na vida cotidiana que se traduz na maneira como criamos e mantemos as instituições atuais. Seu principal texto teórico, *Sociedade de risco*, tornou-se clássico obrigatório em cursos de

---

* Mestre em Relações Internacionais pelo IRI/PUC-Rio e PhD em Ciência Política pela Duke University, EUA. Atualmente é pós-doutorando no Programa de Pós-Graduação em Relações Internacionais da UERJ.

teoria sociológica contemporânea e base para centenas de outros trabalhos que procuram aplicar, entender e ampliar seu alcance explicativo.*

O tema do risco está no centro de seu ensaio *A Europa alemã*, escrito em 2012, no auge da crise financeira grega, em um momento de profundo choque. Chegou-se mesmo a cogitar o que era antes impensável: parecia, ali, que a zona do euro poderia se desfazer em "efeito dominó", levando consigo não somente as aspirações econômicas de uma geração inteira na Grécia, mas a própria possibilidade do fim (ou a redução drástica) de um dos maiores empreendimentos institucionais das relações internacionais na história: a União Europeia. Mais de dois anos depois, a situação de risco agudo parece ter sido mitigada, mas ainda estamos longe de assegurar que a Europa atravessa um bom momento. Pelo contrário, há sinais preocupantes no horizonte que ainda não podem ser dissipados sem uma profunda reflexão sobre o que fazer concretamente para responder aos desafios.**

Ao longo deste ensaio, Beck deixa claro que a agudização da crise pôs em evidência uma realidade incômoda para a Alemanha e para a Europa. Agora, a partir de seu poder econômico, a Alemanha conseguiu efetiva-

---

*Ver Ulrich Beck, *Sociedade de risco: rumo a uma outra modernidade*. São Paulo: Editora 34, 1986.
**Uma reflexão análoga à de Beck sobre o papel da Alemanha na composição da União Europeia atual vem de Jürgen Habermas, *Sobre a Constituição da Europa*. São Paulo: Editora Unesp, 2012.

mente algo que jamais conseguiu concretizar militarmente: o país passou a ser o líder *de facto* do continente, seu centro máximo de poder. Depois de tentar digerir o trauma de duas guerras mundiais de consequências devastadoras para o mundo e para si mesma, a Alemanha enfrenta uma situação ironicamente curiosa, segundo Beck. Tornou-se finalmente imperial, e os olhos da Europa se voltam para a cadeira da chanceler alemã. No entanto, a capacidade alemã para a liderança é minada por sua própria incapacidade em admitir que está no comando. E, para o bem ou para o mal, é com esse cenário que os problemas atuais se apresentam para o continente.

Desde 2012, o argumento de Beck segue inalterado e ainda profundamente relevante. Por conta de sua incapacidade de tomar decisões transformadoras (e também, segundo ele, de uma estratégia intencional por parte da chanceler alemã Angela Merkel), a Alemanha continua sua política de "empurrar com a barriga" a crise institucional e política que a Europa enfrenta.

Desde a crise grega, a política de ajustes orçamentários (ou de "austeridade" como a chamam seus defensores) tem sido demandada de todos os países periféricos de dentro da zona do euro, tanto da Grécia como de Portugal, Espanha e Itália. A recuperação econômica europeia tem sido medíocre para alguns países, inexistente para outros. Enquanto o setor público grego murchou em proporções enormes, Portugal viu seus principais bancos à beira da falência (o caso do Banco Espírito

Santo, um dos maiores do país, é emblemático) e, além da crise econômica, a Espanha enfrenta inclusive ameaças separatistas claras da Catalunha — antigas, mas acirradas pelo peso da instabilidade.*

Enquanto isso, o desemprego entre os jovens formados não consegue regredir muito — quase um terço desses jovens, em média, está desempregado, e em alguns países essa taxa chega a mais de 50%, como na Espanha, por exemplo. Há um aumento preocupante de grupos de extrema direita, e partidos com orientação fascista e declaradamente racistas vêm tendo votações expressivas para os parlamentos nacionais. A desigualdade econômica também avança em proporções alarmantes para um continente que se orgulha de ter construído um pacto social-democrata para o investimento em um Estado de bem-estar social, cujo objetivo era não deixar a população desamparada, sob qualquer condição de adversidade.** Esses dilemas demonstram uma incapacidade real da democracia representativa baseada no Estado-Nação em dar respostas efetivas aos

---

* Para um excelente ensaio complementar ao que Beck nos apresenta, mas visto sob a perspectiva de um dos países periféricos da zona do euro, ver Boaventura de Sousa Santos, *Portugal: ensaio contra a autoflagelação*. São Paulo: Cortez, 2014. O ensaio de Santos corrobora a visão de Beck da marginalização de países europeus (página 74 deste livro).
** Sobre o aumento da desigualdade na Europa (e também nos EUA), ver Thomas Piketty, *O capital no século XXI*. Rio de Janeiro: Intrínseca, 2014. Sobre a gênese do Estado de bem-estar social e as condições que possibilitaram sua criação, ver o magistral Tony Judt, *Pós-Guerra: uma história da Europa desde 1945*. Rio de Janeiro: Objetiva, 2008.

problemas de cada país, assim como o descolamento entre a vida real dos cidadãos e as instituições políticas de Bruxelas.

Neste cenário de constante deterioração, os políticos e técnicos que Beck chama de "arquitetos da Europa" são obrigados a oferecer soluções. As sugestões deles para aumentar a governança econômica na Europa (Beck explicita na página 67) ainda estão longe de sair do papel, assim como as "divisões" na Europa também permanecem e continuam a ser reforçadas (primeiro, entre países da zona do euro e de fora dela, e segundo, entre países credores e devedores dentro da própria zona do euro, página 72).

Um desenvolvimento preocupante para o argumento de Beck em *A Europa Alemã* é a possibilidade de que a própria Alemanha seja engolida pela crise, a qual resiste em tentar resolver. Nos dois anos seguintes à publicação do ensaio, a Alemanha continuou crescendo e apresentando um baixo índice de desemprego. Em 2012, cresceu 0,7% e, em 2013, cresceu 0,4%. Mesmo que esses números pareçam baixos, basta comparar a performance alemã com a média de crescimento dos países da União Europeia no mesmo período: em 2012, uma recessão de -0,4% e, em 2013, um crescimento de 0,1%. O que preocupa, no entanto, é que os resultados da crise batem à porta na Alemanha. No segundo e no terceiro trimestres de 2014 houve retração da atividade econômica alemã — principalmente sobre suas exportações

—, o que compromete a possibilidade de crescimento ainda esse ano.* Diante deste cenário, apesar da vitória política de Merkel em 2013, o descontentamento alemão pode aumentar no futuro próximo.

Ulrich Beck lança um desafio a seus leitores: é possível transcender a visão estreita do Estado-Nação e pensar a política sob uma ótica nova, realmente europeia e transnacional? Segundo ele, as condições da crise atual mudam as categorias daqueles que se definem como "realistas" e daqueles que são chamados de "idealistas" ou "sonhadores". O que era inconcebível antes da crise passa a ser a possibilidade concreta da catástrofe posterior, transformando os parâmetros do ceticismo. Neste sentido, o desafio que Beck propõe continua atualíssimo: é cada vez mais necessária uma reformulação profunda do pensamento político em bases que transcendam o Estado. O mundo depende disso e a vida dos indivíduos reais, de carne e osso, também.

---

*As preocupações dos economistas com a economia alemã atual estão disponíveis em: <http://www.economist.com/blogs/economist-explains/2014/10/economist-explains-14>, acessado em 21 de outubro de 2014.

Prefácio

TERÁ A DRACMA VOLTADO a circular na Grécia — ou mesmo o marco na Alemanha — quando você, leitor ou leitora, estiver manuseando este pequeno volume? Ou será que você estará sorrindo frente a esses cenários sombrios, com a crise já superada e uma Europa, que dela emergiu, politicamente fortalecida? O mero fato de surgir esse tipo de pergunta dentro da névoa da incerteza atual é bastante indicativo da frágil condição da Europa e do risco de querer compreendê-la.

Todos sabem o que aconteceu, mas dizê-lo em voz alta equivaleria a romper um tabu: a Europa se tornou alemã. Não foi intencional, mas face ao possível colapso do euro, a potência econômica Alemanha acabou ocupando a posição de potência política decisiva da Europa. Em fevereiro de 2012, o historiador britânico Timothy Garton Ash escreveu o seguinte:

> Em 1953, Thomas Mann proferiu uma palestra em Hamburgo para estudantes, instando-os a jamais almejar uma "Europa alemã", e sim uma "Alemanha europeia". Nos dias da reunificação, essa fórmula foi

repetida *ad nauseam*. Hoje, no entanto, assistimos a uma variação que poucos anteviram: uma Alemanha europeia dentro de uma Europa alemã.[1]

Como isso foi acontecer? Quais serão as consequências? Quais os futuros cenários ameaçadores e quais os cenários que nos atraem? São essas as questões que quero discutir neste ensaio.

O atual debate público é determinado quase exclusivamente pela ótica econômica, o que parece ligeiramente absurdo, considerando que os próprios economistas foram surpreendidos pela crise. O problema é: a perspectiva econômica é incapaz de enxergar que não se trata de uma crise econômica (e do pensamento econômico), e sim, antes de mais nada, de uma crise da sociedade e da política — e da conceituação predominante de sociedade e política. Portanto, não sou eu que me aventuro a dançar no terreno estranho da economia, mas foi a economia que se esqueceu de que sociedade está tratando.

Minha intenção, neste ensaio, é propor uma nova interpretação da crise. Quero tentar analisar a fundo as notícias que vemos diariamente na TV ou lemos nas

---

1. Timothy Garton Ash, "Allein kriegen sie es nicht hin. In die Führung Europas hat sich Deutschland nicht gedrängt, es ist auch schlecht darauf vorbereitet" ["Sozinhos, eles não conseguem. A Alemanha não lutou para liderar a Europa e está mal preparada para a função"], in: *Der Spiegel* (13/2/2012), p. 24, disponível em: <www.spiegel.de/spiegel/print/d-83977208.html>, acessado em agosto de 2014.

manchetes dos jornais e questioná-las dentro de seu contexto. A leitura que ofereço se baseia na minha teoria da sociedade de risco. A concepção de uma modernidade que saiu do controle — e que apresentei em outras obras — será aqui desenvolvida com vistas à crise da Europa e do euro.

Um ponto de vista bastante disseminado é que precisamos de "mais Europa" para superar a crise. O problema é que esse "mais" em termos de Europa encontra cada vez menos apoio nas sociedades civis dos Estados-membros. Podemos imaginar que a união política pode se completar nessas circunstâncias? Ou será que, no curso desta unificação, a questão decisiva — por uma sociedade europeia — foi por muito tempo simplesmente deixada de lado, esquecendo-se do ator soberano, o cidadão?

Put society back in! Não se esqueçam da sociedade. Tentar tornar visíveis as transformações e a nova paisagem do poder em meio à crise financeira, eis o objetivo deste ensaio.

Ulrich Beck
agosto de 2012

Introdução
A Alemanha ante a decisão sobre o "ser ou não ser" da Europa

"Hoje o Parlamento alemão decidirá sobre o destino da Grécia", é o que escuto no rádio no final de fevereiro de 2012. É o dia da votação do segundo "pacote de ajuda", sujeito a medidas de austeridade e à condição de que a Grécia aceite cortes em sua soberania orçamentária. "Claro, é assim mesmo...", diz uma voz dentro de mim. Mas outra voz pergunta, perplexa: "como isso é possível? O que acontece quando uma democracia determina o destino de outra democracia?" Certo, os gregos precisam do dinheiro que tem origem nos impostos alemães, mas adotar as medidas de contenção econômica equivaleria a esvaziar a autodeterminação do povo grego.

O mais irritante não era o conteúdo da afirmação, e sim a naturalidade com que se aceitou tal situação na Alemanha. Vamos escutar novamente: o Parlamento alemão (não o grego) decide sobre o destino da Grécia. Faz sentido essa afirmação?

Façamos um breve exercício mental. Vamos supor que os alemães votem se a Grécia deve abandonar o euro agora.* O resultado previsível seria: "Adeus, Acrópole!"[2] Suponhamos ainda que os gregos quisessem decidir a questão por meio de um plebiscito. O provável resultado seria uma nítida maioria (de 85%, segundo pesquisas de opinião de maio de 2012) em favor da manutenção do euro.[3]

Como resolver o conflito de decisões de várias democracias nacionais? Qual das democracias sairia vencedora? Com que direito? Com que tipo de legitimação democrática? O papel-chave caberia aos instrumentos econômicos de pressão? Será que, em última instância, a não concessão de créditos seria a alavanca decisiva? Ou o peso da dívida faria a Grécia, berço da democracia, perder o seu direito à autodeterminação democrática?

Em que país, em que mundo, em que crise estamos vivendo, em que tal interdição de uma democracia por outra *não* chama mais a atenção da opinião pública? E, no entanto, dizer que "hoje, a Alemanha decide sobre o destino da Grécia" ainda ameniza o problema — não é da Grécia que se trata, e sim da Europa como um todo.

---

*[N.T.] Meados de 2012.
2. Manchete do semanário *Der Spiegel* (14/5/2012).
3. Cf. "Griechische Spargegner führen in Umfrage zur Wahl" ["Adversários gregos contra pacote de contenção lideram pesquisa sobre eleição"], in: *Zeit online* (25/5/2012), disponível em: <http://www.zeit.de/politik/ausland/2012-05/griechenland-wahl-syriza>, acessado em agosto de 2014.

"Hoje, a Alemanha decide sobre o ser ou não ser' da Europa" — é essa a frase que resume a situação espiritual e política do nosso tempo.

A União Europeia abrange 27 países-membros, governos, parlamentos: ela conta com um Parlamento, uma Comissão, um Tribunal de Justiça, um alto representante para Negócios Externos, um presidente da Comissão, um presidente do Conselho etc. etc. Mas a crise financeira e do euro catapultou a Alemanha e sua economia poderosa para a posição de potência decisiva na Europa. Em menos de setenta anos, a Alemanha, país que, material e moralmente, depois da Segunda Guerra Mundial e do Holocausto estava sob escombros, ascendeu da posição de humilde discípulo à de mestre. Até hoje, os alemães consideram "poder" uma palavra suja e preferem substituí-la por "responsabilidade". Os interesses nacionais permanecem discretamente ocultos por trás de palavras grandiloquentes como "Europa", "paz", "cooperação" ou "estabilidade econômica". Quem utilizar a fórmula "Europa alemã" estará quebrando este tabu. Pior ainda seria dizer: "a Alemanha assume a condução [Führung] da Europa."[4] Seria preferível dizer: a Alemanha assume a "responsabilidade" pela Europa.

---

[4]. Poder-se-ia se dizer que a Alemanha está assumindo a *leadership* [liderança]. Para os alemães, parece mais fácil expressar em inglês o termo que falha em função da contaminação da língua pelo passado.

Mas a crise da Europa se aguça e a Alemanha se vê diante de uma decisão histórica: ressuscitar a utopia de uma Europa política contra todas as resistências; ou então manter a política de empurrar com a barriga e a tática da hesitação — "até que o euro nos separe". A Alemanha se tornou poderosa demais para se dar ao luxo de não tomar decisão alguma.

O "momento decisivo" chegou, e isso é algo que a opinião pública não verbaliza, ao contrário dos comentários dos observadores estrangeiros. O jornalista e escritor italiano Eugenio Scalfari, por exemplo, argumenta: "Se a Alemanha adotar uma política financeira que conduza ao fracasso do euro, os alemães serão os responsáveis pelo fracasso da Europa. Seria a quarta culpa, depois das duas guerras mundiais e do Holocausto. A Alemanha precisa assumir a responsabilidade pela Europa."[5]

Que ninguém duvide: em uma "Europa alemã", a Alemanha seria responsabilizada por um fracasso do euro e da União Europeia.

---

5. Birgit Schönau, "Das wäre die vierte Schuld" ["Seria a quarta culpa"], entrevista com Eugenio Scalfari, in: *Die Zeit* (15/3/2012), p. 7.

I
Como a crise do euro dilacera
— e une — a Europa

1. A política de austeridade alemã divide a Europa: os governos concordam, a população é contra

Ao contrário de tantos reinos ou impérios históricos, que tiveram sua origem em mitos ou vitórias heroicas, a União Europeia nasceu da agonia da guerra e em resposta aos horrores do Holocausto. Hoje, é a ameaça existencial pela crise financeira e do euro que conscientiza os europeus de que eles não vivem na Alemanha, na França, e sim na Europa. E, na medida em que falências de Estados, a crise econômica e a decadência dos mercados de trabalho se defrontam com expectativas mais altas em função da expansão da educação, a "geração crise" também vai experimentando o seu fado europeu.

Praticamente um em quatro europeus com menos de 25 anos não acha emprego. Muitos jovens sobrevivem graças a mal pagos contratos temporários. Na Irlanda e na Itália, os números oficiais indicam que um terço dos jovens de até 25 anos não encontra trabalho; na Grécia e na Espanha, o desemprego entre os jovens chegou a 53% em junho de 2012. Na Grã-Bretanha, a taxa saltou de 15% para 22% desde a eclosão da crise financeira em 2008. Em Tottenham, palco de violentas manifestações em 2011, há 57 candidatos para cada posto de trabalho.[6] Em todos os lugares em que o *precariado** com formação de nível superior arma acampamento e eleva a sua voz, a reivindicação é por justiça social. Essa demanda tem sido expressa sem violência, mas com força, na Espanha, em Portugal, na Turquia, no Egito ou em Israel. A "geração Facebook" lidera este protesto e conta com o apoio de grande parte da população nos respectivos países. A Europa e a sua juventude estão unidas pela raiva contra uma política que salva bancos com quantias inimagináveis ao mesmo tempo em que joga no ralo o futuro das novas gerações.

---

*[N. T.] Neologismo que designa jovens adultos em precárias relações de trabalho e emprego.

6. Cf. Eurostat, "Jugendarbeitslosenquote in den Mitgliedsstaaten der Europäischen Union in Juni 2012" (Saisonbereinigt) ["Taxa de desemprego entre jovens nos países-membros da União Europeia em junho de 2012" (com correção sazonal)], disponível em: <http://de.statista.com/statistik/daten/studie/74795/umfrage/jugendarbeitslosigkeit-in-europa>, acessado em agosto de 2012; Câmara de Economia da Áustria, "Jugendarbeitlosenquote 2001 bis 2011" ["Taxa de desemprego entre jovens 2001 a 2011"], disponível em: <http://wko.at/statistik/Extranet/bench/jarb.pdf>, acessado em agosto de 2012; Veronica Frenzel, Albrecht Meier, Sigrid Kneist, Matthias Thibaut: "Europas Verlorene Jugend" ["A juventude perdida da Europa"], in: *Der Tagesspiegel* (10/8/2012), disponível em: <http://www.tagesspiegel.de/politik/krawalle-ueberall-europas-verlorene-jugend/4486172.html>, acessado em agosto de 2012.

A crise e os programas para salvar o euro fazem surgir os contornos de uma nova Europa, de um continente dividido, atravessado por novas trincheiras e fronteiras. Uma dessas trincheiras separa os países do Norte das nações do Sul, os países credores dos devedores. Uma outra fronteira separa os países da zona do euro obrigados a tomar medidas daqueles membros da UE que não adotaram o euro e agora assistem a como decisões importantes sobre o futuro da União vêm sendo tomadas, mas sem participar delas. Um terceiro abismo fundamental surgiu nas eleições nos países devedores, e terá consequências políticas duradouras: os governos aprovam pacotes de austeridade, enquanto populações inteiras votam contra. Torna-se visível a tensão estrutural entre um projeto europeu que vem sendo urdido e administrado *por cima*, pelas elites político-econômicas, e a resistência que vem *de baixo*. Os cidadãos resistem contra a possibilidade — percebida como altamente injusta — de tomar um remédio com possíveis consequências letais. Não só em Atenas, mas por toda a Europa toma corpo a resistência contra uma política de combate à crise que tenta instituir uma redistribuição *de baixo para cima* de acordo com o lema: socialismo de Estado para os bancos e os ricos, neoliberalismo para os remediados e os mais pobres. O que fazem os salvadores, se aqueles que precisam ser salvos não querem? Ou pelo menos não querem desta forma, apresentada por seus próprios governos como "a única alternativa"?

Outro paradoxo: nós assistimos a debates apaixonados e lutas de poder, e no fim só há perdedores. Na Alemanha, as pessoas estão furiosas porque o "dinheiro dos impostos dos alemães financia a bancarrota grega", como provocou o jornal *Bild* em uma de suas manchetes (o mesmo tom foi empregado pela revista *Focus* com sua já lendária capa que estampa a Afrodite de Milo mostrando o dedo do meio para o mundo). Já nos países afetados pela crise, muitos se veem como perdedores porque a política de austeridade teuto-europeia os priva da base de sua sobrevivência e, ao mesmo tempo, de sua dignidade. Assim, as pessoas dos vários Estados-membros são jogadas umas contra as outras de forma populista, sem o reconhecimento de que todos são vítimas da crise financeira e das tentativas ineptas de resolvê-la.

Futuramente, portanto, haverá várias Europas na Europa. Uma delas será a *Europa de baixo*, a Europa dos cidadãos, que talvez nem saibam (ou não queiram saber) que são cidadãos da Europa. Nela a atmosfera é um misto de insegurança, medo e indignação, que as pessoas expressam assim: "Não consigo entender nada." Crise bancária, crise financeira, Europa em crise, euro em crise — a cada dia, algo diferente, ou será a mesma coisa? Todos estão desorientados. E desamparados. Em agosto de 2011, em uma grande reportagem sobre o medo e a perplexidade das pessoas, o jornalista Holger Gertz pergunta, citando uma política berlinense de esquerda: "É possível protestar contra a guerra, a energia nuclear ou então, mais simples, contra projetos de construção de estações de trens ou de pistas em aeroportos. Mas: e contra a crise financeira?", e completa, "O que escrever nos cartazes? Algo como 'Xô, crise'?"[7]

Como compreender que ninguém esteja entendendo nada? Para encontrar uma resposta a essa pergunta, retomarei a seguir teses que desenvolvi no meu livro *Sociedade de risco* e explicitei em *Sociedade de risco global*.[8] A ignorância generalizada, segundo a minha interpretação, é uma característica essencial de uma dinâmica à qual as atuais sociedades ocidentais estão entregues. De certa maneira, a sociedade de risco é uma sociedade em que tudo *poderia* acontecer. As usinas atômicas, cuja complexa vida interior nós ignoramos, *poderiam* sofrer acidentes. Os mercados financeiros, que nem os magos da Bolsa parecem compreender,

---

7. Holger Gertz, "Ich versteh kein Wort. Nie wurde so viel geredet — und nie standen die Menschen den Krisen dieser Welt so ratlos gegenüber. Eine Reise an die Börse, in die Politik, auf die Straße. Zu einem diffusen Phänomen: Angst 2.0" ["Não entendo mais nada. Nunca se falou tanto, e nunca as pessoas estiveram tão perplexas diante da crise. Uma viagem pelo mundo das Bolsas e da política e pelas ruas: relato sobre um fenômeno difuso: medo 2.0"], in: *Süddeutsche Zeitung (27/8/2011)*, p. 3.
8. Ulrich Beck, *Risikogesellschaft. Auf dem Weg in eine andere Moderne*. Frankfurt am Main: Suhrkamp, 1986. [No Brasil: *Sociedade de risco*, trad. Sebastião Nascimento. São Paulo: Editora 34, 2010.]; idem, *Weltrisikogesellschaft Auf der Suche nach der verlorenen Sicherheit* [*Sociedade de risco global. Em busca da segurança perdida*]. Frankfurt am Main: Suhrkamp, 2007.

poderiam ruir. O tempo verbal mais usado passa a ser o futuro do pretérito. Estamos permanentemente antecipando catástrofes que poderiam ocorrer amanhã. O futuro do pretérito catastrófico irrompe de maneira violenta nas instituições e no cotidiano das pessoas — é imprevisível, não se preocupa com a Constituição ou com as regras da democracia, carrega uma carga de desconhecimento explosiva e vai eliminando todos os possíveis pontos de referência.

Essas ameaças difusas geram algo como um sentimento de coletividade. Tomemos a crise do euro. Com os programas de austeridade econômica, sociedades inteiras experimentam a sensação de estar descendo um andar de elevador. Por toda a Europa, uma geração inteira sente-se inútil quando, à noite, assiste na TV à queda vertiginosa das cotações nas bolsas. As consequências da crise não acabam nas fronteiras nacionais, pois a sociedade global é estreitamente interligada. Portanto, as pessoas começam a se questionar: se a Grécia falir, a minha aposentadoria na Alemanha corre risco? O que quer dizer um país ir à bancarrota? O que isso significa para a minha vida? Quem, poucos anos atrás, imaginaria logo os bancos, que sempre protestaram veementemente contra qualquer intervenção estatal, pedindo ajuda a governos altamente endividados, e que esses governos efetivamente disponibilizariam somas astronômicas? Hoje, qualquer pessoa sabe que isso pode ocorrer. Mas não significa que todos compreendam por quê.[9]

Conforme explicitei no livro *Sociedade de risco*, essa expectativa de uma catástrofe global, profundamente enraizada no nosso cotidiano, é uma das grandes formas de mobilização do nosso tempo. Percebida em nível global, essa ameaça faz com que experimentemos a relação — muitas vezes, nada confortável — entre a própria vida e a vida de outras pessoas em outras regiões do mundo.

2. Sobre as conquistas da União Europeia

Cinquenta e cinco anos depois da assinatura do Tratado de Roma, que instituiu a Comunidade Econômica Europeia, sua sucessora — a União Europeia — tenta provar desesperadamente para si própria e para o mundo que é capaz de passar pelo teste mais sério da sua história. Mesmo considerando que muitos dos problemas não foram causados por ela, mas são o resultado da crise finan-

---

9. Sociedade de risco, portanto, é um sinônimo de incerteza fabricada. Cf. Ulrich Beck, "Wissen oder Nicht-Wissen? Zwei Perspektiven reflexiver Modernisierung" ["Saber ou não saber? Duas perspectivas de modernização reflexiva"], in: Ulrich Beck; Anthony Giddens; Scott Lash, *Reflexive Modernisierung. Eine Kontroverse*. Frankfurt am Main: Suhrkamp, 1996, p. 289-315. [no Brasil: *Modernização reflexiva. Política, tradição e estética na ordem social moderna*. São Paulo: Editora da Unesp, 1997.]; Ulrich Beck; Peter Wehling, "The politics of non-knowing: an emerging area of social and political conflict in reflexive modernity", in: *The Politics of Knowledge*, org. Fernando Dominguez Rubio e Patrick Baert. Londres; Nova York: Routledge, 2012, p. 33-57.

ceira iniciada em 2008 — na qual, da noite para o dia, dirigentes de banco se tornaram devedores de governos e estes abriram gigantescos guarda-chuvas de emergência — a atual situação nos remete ao erro original do euro: um mercado comum com moeda parcialmente única surgiu em um espaço econômico de dimensões continentais e com uma população correspondente, mas o passo rumo a uma verdadeira união político-econômica não foi dado, tornando impossível coordenar de modo eficaz as economias dos países que adotaram o euro. A fantasia de um "nacionalismo recíproco", segundo a qual todo governo tem o dever de resolver os seus próprios problemas financeiros e evitar consequências negativas para outros, pode funcionar muito bem em tempos de bonança, mas está fadada a fracassar em tempos de crise. Além disso, os eventos de meados de 2012 mostram com toda a clareza como tudo está interligado: quando um país vai à falência, arrasta os demais com ele.

Nesse alvoroço, muitas vezes esquecemos que, apesar das imperfeições, a UE obteve conquistas maravilhosas. A UE conseguiu o milagre de transformar arqui-inimigos em vizinhos. Seus cidadãos têm liberdades políticas e um padrão de vida com que populações de outras partes do mundo nem sonham. Antigas ditaduras, como Grécia, Portugal e Espanha, transformaram-se em democracias estáveis depois da adesão à UE. Com 28 membros (depois do ingresso da Croácia, no dia 1º de julho de 2013) e mais de 500 milhões de pessoas, a União Europeia é o maior mercado e bloco comercial do mundo. O modelo social e econômico — com um capitalismo "domado", socialmente mais justo — pode até enfrentar dificuldades, mas ainda conta com um arsenal de importantes premissas e impulsos para fazer frente à crise financeira. Habitantes da África Subsaariana ou do mundo árabe migram para a periferia do continente abençoado, mesmo correndo riscos enormes. O desejo da Sérvia e de outros Estados sobrevindos da antiga Iugoslávia de aderir à União Europeia também atesta a contínua atratividade da Europa organizada enquanto lugar onde existe paz e bem-estar. E agora tudo isso ameaça ir por água abaixo.

Paradoxalmente, o êxito da União Europeia é, ao mesmo tempo, motivo para as críticas feitas a ela. Muitas de suas conquistas se tornaram tão óbvias que provavelmente só seriam percebidas pelas pessoas no momento em que deixassem de existir. Imaginemos que os controles de passaportes nas fronteiras e nos aeroportos fossem reintroduzidos; que não existissem mais as confiáveis normas de qualidade para os alimentos; que não houvesse mais liberdade de opinião e de imprensa (que a Hungria não respeita, razão pela qual o país está sujeito a duras críticas), ou que não fosse mais possível para um estudante, sem grandes barreiras burocráticas, conseguir um emprego em Barcelona ou Avignon; ou ainda que precisássemos trocar dinheiro ao chegar a Paris, Madri ou Roma, prestando atenção na taxa de câmbio. A "pátria Europa" tornou-se uma segunda pele para nós, e precisamente isso pode ser um motivo para perdê-la levianamente.

Seja como for, estamos em um difícil momento histórico, no qual deveríamos recordar a definição de crise cunhada por Antonio Gramsci. Segundo ele, a crise é o momento em que a velha ordem já morreu e a nova ordem ainda não conseguiu nascer. Mas precisamente essa fase de transição é marcada por muitos equívocos e confusões.[10] É o que vivenciamos hoje: uma cesura, um interregno, a simultaneidade de colapso e transformação, com saídas em aberto.[11] Perplexidade, medo, desconhecimento, frustração, inquietação, mas também anseio por transformação — tudo isso é típico para tais situações pouco transparentes, em que as expectativas das pessoas não se satisfazem mais com os arranjos institucionais que devem preencher. Todos esses sintomas, no entanto, podem ser sinais de uma ruptura iminente, conforme demonstram os exemplos históricos da Reforma, da Revolução Francesa ou do colapso do bloco comu-

---

10. Antonio Gramsci, "Vergangenheit und Gegenwart" [no Brasil: "Passado e presente", in: *Cadernos do cárcere*, Volume 3 (Caderno 3, § 34). Rio de Janeiro: Civilização Brasileira, 2014, p. 187, 188].
11. Referimo-nos aqui à transição da Primeira para a Segunda Modernidade; ver *Die Modernisierung der Moderne* [A modernização da modernidade], org. Ulrich Beck; Wolfgang Bonß. Frankfurt am Main: Suhrkamp, 2001; *Entgrenzung und Entscheidung. Was ist neu an der Theorie reflexiver Modernisierung?* [Delimitação e decisão. O que há de novo na teoria da modernização reflexiva?], org. Ulrich Beck; Christoph Lau. Frankfurt am Main: Suhrkamp, 2004.

nista. A insatisfação, no entanto, sempre é também o resultado de determinadas demandas surgidas historicamente. Nós, europeus, vivemos em sociedades que elegeram liberdade *e* igualdade como seus princípios fundamentais. Enquanto sociólogo, não me surpreende, portanto, que as pessoas na Grécia ou na Espanha se revoltem contra um sistema que gera desigualdade e injustiça em tal escala, e que, de maneira escandalosa, joga para os grupos sociais mais fracos os custos produzidos por um sistema financeiro que saiu do controle. Tal discrepância entre expectativas e realidade sempre é um motor de mobilização social, assim como efetivamente testemunhamos ao longo dos últimos meses e anos o povo indo às ruas em Nova York, Londres, Madri ou Atenas — um ponto ao qual voltarei no fim deste ensaio.

3. A cegueira da economia

Hoje em dia, temos à disposição verdadeiros exércitos de especialistas para nos guiar em meio ao desconhecimento e à falta de transparência que as modernas sociedades de risco, por assim dizer, geram automaticamente. Os economistas que se pronunciam sobre a crise podem até ajudar a entender o mundo, mas os "especialistas em capital"[12] reduzem a complexidade dos

---

12. Wolfgang Streeck, "Die Krisen des demokratischen Kapitalismus" ["As crises do capitalismo democrático"], in: *Lettre International* 95, 2011, p. 7-13.

mercados financeiros globais de uma forma estranha: personalizam e carregam de emoção os acontecimentos no mercado, introduzindo no linguajar mais técnico das bolsas de valores conceitos da psicologia, como "os nervos estão à flor da pele" nos mercados, não se deixam "iludir", são "tímidos", "medrosos", tendem a "reações de pânico" etc.

Poderíamos também colocar da seguinte forma: o olhar econômico é social e politicamente cego, os conselhos econômicos que dominam o debate se baseiam em um "analfabetismo" sociopolítico.[13] Essa cegueira pode nascer do fato de que economistas costumam observar o mundo através de algum modelo, e quando estes modelos não funcionam, tudo fica difícil. Wolfgang Münchau descreve a situação em artigo no *Financial Times*:

> Geralmente, os macroeconomistas não têm um modelo adequado para a união cambial europeia. Confundem-na com um *loose fixed-exchange-rate system* [sistema em que o câmbio flutua dentro de determinadas faixas], ou com um país com uma moeda única — sistemas, portanto, para os quais dispõem de modelos. Mas uma união cambial não pode ser compreendida através desses modelos, porque não se trata de

---

13. Wolfgang Münchau, "The prize for European political illiteracy", in: *Financial Times* (8/4/2012), disponível em: <http://www.ft.com/cms/s/0/48d37a50-7da4-11e1-bfa5-00144feab49a.html#axzz2JrzeoPfH>, acessado em agosto de 2014.

um país e nem de um acordo flexível em que os países-membros continuam exercendo sua soberania plena. [...] Nos acordos da UE pode até existir algum espaço para o ingresso de países que, como a Dinamarca ou a Grã-Bretanha, decidiram não adotar o euro. Mas não existe espaço para a saída de um ou vários países.[14]

Precisamente este último ponto mostra claramente como os especialistas em economia iludem a opinião pública e os políticos com suas propostas. Muitos falam como se a solução fosse a saída da Grécia do euro, pois assim — essa é a mensagem implícita ou mesmo explícita — os alemães não precisariam mais doar seu sangue para salvar os gregos. Mas tais afirmativas são míopes e equivocadas por pelo menos quatro motivos:

Primeiro: a saída de um país-membro do euro nunca foi regulamentada. E só poderia acontecer por desejo expresso do respectivo país. A maioria dos gregos, no entanto, quer permanecer na união cambial.

Segundo: uma volta da Grécia para a dracma significaria uma dívida que atingiria globalmente bancos e empresas, a começar pelas instituições financeiras alemãs, francesas e americanas, que investiram na dívida grega, antes considerada "vantajosa". Isso significa que uma saída da Grécia da zona do euro poderia

---

14. *Ibidem*.

acarretar o risco de uma reedição da bancarrota do Lehman Brothers.

Terceiro: mesmo se a Grécia abandonasse o euro e deixasse de receber ajuda do guarda-chuva de emergência europeu, o país, por ser membro ameaçado da União Europeia, ainda teria direito de pedir ajuda à UE — um motivo, aliás, pelo qual os britânicos defendem com tanta veemência o eurobônus* e a permanência da Grécia na zona do euro, pois, de outra forma, também seriam chamados para comparecer ao caixa. Como ninguém pode estar interessado em que a Grécia afunde em caos e anarquia, ou que volte a ser uma ditadura militar, os outros membros da UE teriam de apoiar o país com somas hoje inimagináveis e incalculáveis. A perspectiva puramente econômica não consegue e nem quer enxergar os custos sociais, que poderiam incluir a recaída no nacionalismo, manifestações de xenofobia, violência e o risco da ditadura para os próprios gregos, talvez também para os europeus e a comunidade global. Por essa razão, ninguém realmente está apto a calcular o que sairia mais caro: a permanência ou a saída da Grécia da zona do euro.

Quarto: seria preciso debater se é o caso de os gregos saírem somente da zona do euro ou também da UE. Este, no entanto, seria um passo com consequências fa-

---

*[N. T.] Proposta de títulos sobre a dívida da União Europeia como um todo.

tais para a própria Grécia, que assim perderia o acesso a recursos vitais (por exemplo, o fomento à agricultura da UE). E um tal passo também teria consequências graves para todos os outros países da UE, considerando que a Grécia (além da Espanha, Itália, Portugal etc.) protege as fronteiras da União.

Portanto, nenhum dos modelos abstratos das ciências econômicas consegue tornar visíveis os custos reais da saída de uma Grécia ou de outros países devedores da zona do euro. Os poupadores perderiam grande parte de sua fortuna, o Estado ameaçaria ruir, a classe média empobreceria, os pobres seriam excluídos e todos os europeus teriam um problema econômico, social e político caro e duradouro.

4. Política interna europeia: o conceito de política caracterizada por Estados nacionais é anacrônico

Há algum tempo, escrevi o seguinte no meu livro *A invenção da política*:

> O modelo da modernidade ocidental [...] precisa ser renegociado e recriado. [...] Não se trata apenas da política que execute, mas também de uma política que mude as regras do jogo, [...] não só de uma política de *poder*, mas também de uma política que *faz*. Em cada vez mais aspectos, nós nos vemos em situações que

não podem ser mensuradas nem respondidas adequadamente pelas instituições, pelos conceitos e pelos projetos da política.[15]

Quando falo aqui de regras e instituições antigas, quero me referir em primeiro lugar às regras e instituições da política dos Estados nacionais. A atual crise do euro mostra claramente que há muito tempo elas já não se coadunam mais com os problemas e com as tarefas, e que precisam ser modificadas. O fato de contribuintes da Alemanha, Finlândia ou dos Países Baixos serem avalistas dos déficits orçamentários de outros governos ou de dívidas de bancos espanhóis seria inimaginável no velho mundo dos Estados nacionais. Mas mesmo aquelas regras às quais o Banco Central Europeu e o FMI, enquanto instituições transnacionais, condicionam a concessão de novos créditos acabam ficando sempre a reboque da crise, que assume contornos dramáticos. Imaginar que a Alemanha e outros países doadores possam vir a controlar a política orçamentária de outros países do euro mediante um pacto fiscal, na verdade, ainda é uma abordagem dentro do âmbito do Estado-Nação. No entanto, se nos ativermos às velhas regras

---

15. Ulrich Beck, *Die Erfindung des Politischen. Zu einer Theorie reflexiver Modernisierung*. [*A invenção da política. Para uma teoria da modernização reflexiva*] Frankfurt am Main: Suhrkamp, 1993, p. 17. *Idem. Macht und Gegenmacht im globalen Zeitalter. Neue weltpolitische Ökonomie* [*Poder e contrapoder na era global. A nova economia mundial*]. Frankfurt am Main: Suhrkamp, 2002.

— como reivindicam aqueles que, em Karlsruhe, protestaram contra o fundo de resgate financeiro, o Mecanismo Europeu de Estabilidade e o Pacto Fiscal,* uma vez que este, em sua opinião, vai contra a soberania orçamentária do Bundestag** garantida pela Constituição — logo vemos que elas ficaram obsoletas e carecem de agilidade para conseguir superar os atuais desafios.

Em outras palavras: existem épocas em que se faz política menor, uma política que obedece a regras, e existe um tempo para a política maior, uma política que modifica as regras. E para responder à crise do euro — ou aos perigos das mudanças climáticas ou do capitalismo financeiro — é preciso uma política maior A fantasia de que, na era dos riscos globalizados, podemos agir segundo o lema "vamos resolver tudo sozinhos" é uma ilusão fatal.

Nessas circunstâncias, a simples diferenciação entre política interna e externa definitivamente já não se sustenta mais. Na Europa em crise, podemos observar com precisão como as fronteiras vão se tornando menos nítidas. Há anos, décadas mesmo, muitos autores pedem uma "política interna europeia", uma política democraticamente legitimada que se envolva na área social, na educação ou na política econômica segundo o

---

*[N. T.] O autor se refere a uma manifestação de centenas de pessoas, em setembro de 2012, diante do Tribunal Constitucional da cidade alemã de Karlsruhe.
**[N. T.] Bundestag é comumente designado como Parlamento alemão.

interesse da União Europeia. Agora vivenciamos como, em meio à crise, efetivamente surge algo que podemos designar por "política interna europeia", mas que não tem muito a ver com a reivindicação acima mencionada. Nos países-membros, a Europa se torna um tema de política interna. Em 2012, isso aconteceu nas eleições presidenciais na França e nas eleições para o Parlamento grego. Alexis Tsipras, a nova estrela no firmamento político grego, viajou em maio de 2012 para Berlim, Paris e outras capitais da UE, com a finalidade de impressionar seus eleitores na Grécia com as imagens de sua "competência europeia". Na Alemanha, Angela Merkel passou a encenar o papel de "chanceler de ferro" que não deixa mais passar a indisciplina nos países do Sul. Na Inglaterra, as opiniões sobre política europeia do primeiro-ministro David Cameron miram os ressentimentos da população e o aplauso dos banqueiros no centro financeiro de Londres.

"Política interna europeia", portanto, quer dizer que o que está em primeiro plano não é o bem-estar europeu, e sim as eleições, a mídia e os interesses econômicos de cada país. O que importa, em primeiro lugar, é sempre a sobrevivência política nacional. E isso — é o que se acredita — pode ser mais bem garantido ao se demonstrar ceticismo e se colocar os interesses nacionais em primeiro lugar do que através de uma profissão de fé pelo futuro comum da União Europeia. Arriscar alguma coisa internamente em nome da

Europa, eis um pensamento que nem passaria na cabeça da maioria dos políticos.[16]

Mesmo a política em relação à Europa do presidente norte-americano Barack Obama é motivada principalmente por questões de política interna. Em maio de 2012, ao ser perguntado sobre a relevância da crise do euro para os EUA, Obama respondeu: "A crise europeia importa para todos nós, porque a Europa é nosso maior parceiro comercial. [...] Se em Paris ou Madri a demanda por nossos produtos cair, isso poderia ter como consequência menos encomendas para as indústrias de Pittsburgh ou Milwaukee."[17] Portanto, a crise do euro também coloca em risco empresas e bancos norte-americanos. Durante sua campanha à reeleição, o presidente norte-americano temia pela Europa. Mas Angela Merkel, que em seu modo de pensar e agir também obedece ao primado do poder, até agora permanece irredutível. "Ela tem menos

---

16. Ainda não está claro até que ponto o recente avanço dos social-democratas alemães Sigmar Gabriel e Peer Steinbrück, pedindo um aval conjunto para a dívida, realmente é uma solução sustentável. Steinbrück tem plena consciência do risco que isso representa. Em entrevista ao jornal *Süddeutsche Zeitung*, em agosto de 2012, ele disse: "Nada nos resta senão explicar o valor que a Europa tem em um mundo que se modifica rapidamente. E isso não apenas no aspecto econômico, mas também político, cultural, social. Precisamos dizer às pessoas que a paz e o bem-estar não são uma obviedade, mas que precisamos continuar trilhando o caminho da integração." Susanne Höll; Claus Hulverscheidt, "Das wird schwer für die SPD" ["Isso será difícil para o SPD"], in: *Süddeutsche Zeitung* (11/8/2012), p. 8.
17. *Apud* Helene Cooper, "World leaders urge growth, not austerity", in: *The New York Times* (19/5/2012), disponível em: <http://www.nytimes.com/2012/05/20/world/world-leaders-at-us-meeting-urge-growth-not-austerity,html?pagewanted=all>, acessado em agosto de 2014.

medo de um Obama do que dos eleitores alemães", resumiu, de maneira lapidar, o semanário *Der Spiegel*.[18]

O contrário — ou seja, interesses europeus determinando a política nacional interna — é bem mais raro. Um exemplo disso foi quando o ministro das Finanças alemão Wolfgang Schäuble defendeu aumentos salariais na Alemanha a fim de apoiar o euro. Ele desempenhou, por assim dizer, o papel do ministro europeu para assuntos salariais: "Está correto que na Alemanha os salários aumentem mais do que em todos os outros países da UE. Aumentos salariais aqui contribuem para minorar desequilíbrios dentro da Europa."[19]

5. A crise da União Europeia não é uma crise da dívida

A crise financeira abriu um abismo entre os países do norte e do sul da União Europeia, aprofundado ainda mais pelos crescentes fluxos migratórios e pelos custos de sua recepção. Pois as pessoas que fogem de perseguição,

---

18. Dirk Kurbjuweit; Ralf Neukirch; Christian Reiermann; Christoph Schult, "Europa der zwei Europas" ["A Europa das duas Europas"], in: *Der Spiegel* 44, 2011, p. 24-28, disponível em: <http://www.spiegel.de/spiegel/print/d-81302966.html>, acessado em agosto de 2014.
19. *Apud* Schäuble: "Die Löhne können kräftig steigen" ["Os salários podem subir bem"], in: *Frankfurter Allgemeine Zeitung* (5/5/2012), disponível em: <http://www.faz.net/aktuell/wirtschaft/tarifverhandlungen-schaeuble-die-loehne-koennen-kraeftig-steigen-11740624.html>, acessado em agosto de 2014.

guerra civil e caos não pressionam a Europa como um todo, mas principalmente os funcionários alfandegários e da fronteira nos já enfraquecidos Grécia, Espanha, Itália, Portugal. Segundo a política imigratória em vigor na UE, a regra é a seguinte: o país de chegada dos refugiados é também o país em que os asilos devem ser processados. Embora recebam indenizações da União Europeia, os países do Sul se consideram explorados. Isso explica por que a xenofobia, a agressividade e até atos de violência aberta contra refugiados acontecem com frequência cada vez maior nos países limítrofes da Europa, que são também financeiramente mais frágeis.

Aqui se revela o que está em jogo. O objetivo não é apenas evitar o colapso do euro, mas, muito mais, evitar o colapso dos valores europeus: abertura para o mundo, liberdade e tolerância. Quem enxerga a crise europeia como fundamentalmente uma crise econômica pode ficar cego para o que realmente importa: criar uma Europa capaz de encontrar respostas para as transformações fundamentais e os grandes desafios, sem um retrocesso à xenofobia e à violência. Em primeiro plano, na crise europeia tudo gira em torno de dívidas, déficits orçamentários, questões financeiras. Mas a verdadeira pergunta, a pergunta mais profunda, é: até que ponto a Europa pode ou deve se tornar solidária?

Quem acha que a Europa é igual ao euro já desistiu da Europa. A Europa é uma aliança de antigas culturas mundiais e potências que buscam uma saída de sua tradição bélica. A arrogância dos europeus do Norte em relação aos supostamente preguiçosos e indisciplinados países do Sul expõe um esquecimento da História e uma ignorância cultural quase brutais. Será preciso lembrar que a Grécia não é apenas um país devedor, mas o berço da Europa e de seus lemas e valores? Será que os alemães já não sabem mais o quanto a história de suas ideias deve à Antiguidade grega?[20]

Friedrich Nietzsche já contrapôs um sentimento europeu à estreita autossuficiência nacional dos alemães. "Não", admite Nietzsche em seu livro *A gaia ciência*, "nós [apátridas] [...] não somos suficientemente 'alemães' para podermos sentir alegria com a dor no coração e aquela intoxicação do sangue por causa da qual agora, na Europa, todos os povos se fecham como se estivessem em quarentena." Ele critica veementemente "a política que empobrece o espírito alemão, tornando-o vaidoso", e sugere: "Em uma palavra — e que seja nossa palavra de honra! — sejamos bons europeus, herdeiros da Europa, herdeiros ricos, que vivem em fartura, mas também herdeiros de mil anos de espírito europeu e fartamente carregados de compromissos!"[21]

Sem os valores como liberdade e democracia, sem sua origem cultural e sua dignidade, a Europa não é nada.

---

20. Cf. Ulrich Greiner, "Die Antike in Ehren" [Honrando a Antiguidade"], in: *Die Zeit* (31/5/2012).
21. Friedrich Nietzsche, "Fünftes Buch. Wir Furchtlosen: Wir Heimatlosen", in: *Die fröhliche Wissenschaft* [La Gaya Scienza] Leipzig: Alfred Kröner Verlang (1930 [1887]), p. 295ss. [No Brasil: "Quinto livro. Nós, os destemidos: nós, os apátridas", in: *A gaia ciência*, trad. Paulo César de Souza. São Paulo: Companhia das Letras, 2012.]

II
As novas coordenadas do poder na Europa e as origens da Europa alemã

1. A Europa ameaçada e a crise da política

Em face de impasses políticos de dimensões mundiais, que fazem as expectativas corriqueiras caírem no vazio e geram a falência dos instrumentos conhecidos da teoria e da política, observa-se uma espécie de reflexo de fuga entre os intelectuais. Isso também acontece nas ciências sociais, que em suas teorias e em seus estudos empíricos geralmente investigam a *reprodução* da ordem social e política, e não a sua *transformação*.[22] Naturalmente, nessas abordagens também se prevê algo

---

22. É preciso diferenciar entre mudança social e transformação da ordem social e política. Em outro contexto, eu distingui entre mudança social e "mudança de base" (no sentido de uma "mudança do sistema de referências da mudança", ou seja, uma "metamudança"), ver, por exemplo, Ulrich Beck, "Jenseits von Klasse und Nation: Individualisierung und Transnationalisierung sozialer Ungleichheiten" ["Além de classe e nação: individualização e transnacionalização de desigualdades sociais"], in: *Soziale Welt* 59/4, 2008, p. 301-325.

como uma mudança social, mas o importante é saber como, apesar de todas as transformações, a ordem do Estado-Nação se reproduz na sociedade e na política.[23]

Quando examinamos e as tendências e os acontecimentos mais críticos das últimas décadas — o acidente nuclear na Usina de Chernobyl, o colapso da União Soviética, os ataques do 11 de Setembro, a crise climática, a crise financeira, a crise do euro — descobrimos que todos têm duas características em comum. Primeiro: eram *inimagináveis* antes de ocorrerem. Segundo: são *globais* tanto em sua natureza como nas suas consequências. São literalmente eventos mundiais que tornam palpável o entrelaçamento cada vez maior entre os campos de ação e de vida, e já não podem mais ser compreendidos somente com ajuda dos instrumentos e das categorias do pensamento e da ação inseridos na dimensão do Estado nacional. No âmbito da reprodução da ordem do Estado nacional, não apenas eram inimagináveis, mas escapavam a esse paradigma e o colocavam em questão. Em contraste, a teoria da

---

23. Os autores mencionados questionam como, com vistas ao presente e ao futuro, a ordem de classes (Pierre Bourdieu), a ordem de poder (Michel Foucault), a ordem burocrática (Max Weber) ou o sistema (Niklas Luhmann) se reproduzem. Enquanto esses autores têm em mente o funcionamento normal da política e da sociedade, apontando com acuidade a resistência a mudanças das instituições estabelecidas, a minha teoria do risco global se concentra no caso de exceção, que embaralha as rotinas do dia a dia. Mas na sociedade global de risco, esse estado de exceção está se tornando normalidade.

sociedade de risco se estabelece propositadamente a partir dos perigos da modernidade e coloca no centro a pergunta de como a ordem do Estado nacional se fragiliza face às catástrofes que o ameaçam, e de como os conceitos de poder, desigualdade social e política se modificam. Com referência à crise europeia, podemos formular três teses nesse contexto:

Primeira: Vivemos hoje uma inflação de catástrofes ameaçadoras e de rupturas. É importante diferenciar aqui catástrofe e *retórica* da catástrofe. Precisamente a isso se refere o conceito de risco na teoria da sociedade de risco: o discurso sobre os riscos se refere sempre a catástrofes ameaçadoras no futuro, que nós devemos antecipar e evitar hoje.[24] No contexto da crise do euro, isso equivale a dizer: sim, é verdade, já existem hoje catástrofes dramáticas no nível individual e social (muitos

---

24. Normalmente se fala em "crise", mas a palavra mais usada nesse texto é "risco". Como se relacionam esses dois conceitos? O conceito de "risco Europa", que introduzo aqui, contém a expressão "crise do euro" (respectivamente, crise europeia), mas a supera em três aspectos. *Primeiro*, o conceito de crise anula a diferença entre o risco (encenado) enquanto futuro presente e a catástrofe enquanto presente futuro (do qual ainda não podemos saber nada). O discurso da crise "ontologiza" a diferença entre catástrofe antecipada e catástrofe já ocorrida, da qual aqui tratamos. *Segundo*, a utilização do conceito de crise nos ilude de que é possível retornar ao *status quo* anterior no próprio caminho da administração da crise. Já o conceito de risco cobre a diferença centenária entre as ameaças globais e as respostas possíveis e disponíveis no âmbito das políticas nacionais. Isso permite afirmar — *terceiro* — que o risco, tal qual o compreendo, não representa uma exceção, como é o caso da crise, mas que se torna um estado de normalidade e, assim, motor de uma grande transformação da sociedade e da política.

gregos já não têm mais como pagar consultas médicas ou internações hospitalares; cerca da metade dos jovens espanhóis está desempregada), mas no que se refere às instituições-chave do euro e da União Europeia, ainda estaríamos no estágio do risco.[25] A verdadeira catástrofe que está sendo vaticinada é o colapso da união monetária, que, numa reação em cadeia, poderia arrastar para o abismo toda a União Europeia e a economia mundial. Aqui, portanto, voltamos a topar com o futuro do pretérito catastrófico que forma o quadro interpretativo deste ensaio.

Muita gente confunde sociedade de *risco* com uma sociedade de *catástrofe*. Esta última seria semelhante à sociedade do *Titanic*, na qual reina a mentalidade do "tarde demais", o afundamento fatal, o pânico da falta

---

25. Segundo escreveu Lluís Basset no jornal *El País*, a experiência da possível catástrofe — a mortalidade do euro, "lembra as preces por chuva. Quanto mais é repetida [...], mais real se torna a imagem negra e indesejável de uma Europa sem o euro e de um mundo sem a Europa [...]. Todos entendemos perfeitamente: o euro é mortal e pode morrer em nossos braços já nos próximos dias. [...]. Não admira, portanto, que nas últimas horas as fábricas europeias de documentos, manifestos, artigos e estudos de urgência tentem encontrar a fórmula que abra o caminho aos eurobônus, à solidariedade salvadora, para a união de transferências até agora proibida pela Alemanha, garantindo ao mesmo tempo a austeridade, o controle e a responsabilidade exigidos por Angela Merkel. [...] O problema é que poucas dessas ideias podem ser aplicadas imediatamente e não têm eficácia comprovada em um momento em que se deve encarar a aposta dos mercados em favor da mortalidade do euro". "El euro es mortal", in: *El País* (28/6/2012), disponível em: <http://blogs.elpais.com/lluis_bassets/2012/06/el-euro-es-mortal.html>, acessado em agosto de 2014.

de perspectiva. Na minha abordagem — para continuar com esse paralelo — há a possibilidade de circunavegar o iceberg, se ainda se conseguir mudar o rumo. Portanto, existe uma afinidade eletiva entre a teoria da sociedade do risco e o "princípio esperança" de Ernst Bloch.

Segunda: Da mesma forma que outros grandes riscos (como a energia nuclear ou a mudança climática), o risco Europa, em princípio, também é incontrolável. O advento da catástrofe não pode ser calculado nem dominado com os instrumentos disponíveis da previsão e da precaução, da gestão das incertezas e das opções de garantia via seguro. A especificidade histórica, neste caso, reside em que a impossibilidade de controle seja feita em casa, e mais: foi praticamente desejada assim, uma vez que se introduziu uma moeda comum sem criar instituições apropriadas para supervisionar e controlar de forma efetiva as políticas econômica e financeira dos diversos países da zona do euro.

Terceira: O risco carrega a mensagem: urge agir! O risco arranca as pessoas de seu dia a dia e os políticos das chamadas restrições objetivas. Risco equivale a uma incerteza cotidiana que já não é mais aceita, e à catástrofe que ainda não chegou. Risco é algo que abre os olhos das pessoas, mas ao mesmo tempo desperta esperanças por uma saída positiva. Eis o paradoxo do encorajamento que vem com os riscos globais. Risco, portanto, sempre é também uma categoria política, pois liberta a política das regras antigas e das amarras institucionais. Como existe muita coisa em jogo, hoje nos surpreendemos com opções que até pouco tempo atrás ainda eram vistas como totalmente fora de cogitação, defendidas só por pessoas marginalizadas: "imposto sobre transações financeiras", "eurobônus", "união bancária", "licença bancária" — por trás de todas essas novas palavras, saudadas por uns e criticadas por outros, escondem-se pequenas revoluções.

Dessa forma, a "união bancária" equivaleria a uma utopia tecnocrática, pois medidas tomadas em Bruxelas ou em Frankfurt poriam em questão o sagrado direito nacional ao orçamento, protegido pelas constituições como um dos pilares da democracia. Ao mesmo tempo, uma "comunidade de avalistas" é algo que revoluciona tudo o que até hoje era tido como óbvio, ou seja: que seria impensável os alemães se verem obrigados a bancar o estilo mais "leviano dos países meridionais", que viveram "acima de suas possibilidades".

Uma vez mais constatamos que, sempre que a expectativa da catástrofe determina a consciência pública, as bases da sociedade e da política se modificam, as velhas instituições já não são mais capazes de arcar com os problemas, as regras precisam ser mudadas. Assim abrem-se espaços para processos de negociação, pequenas e grandes revoluções, até para assuntos então inimagináveis. Apesar das muitas teorias sobre a política ter chegado ao fim,[26] experimentamos atualmente o exato oposto: uma era que faz nascer novas formas de política.

Que rumo tomará a transformação da ordem nacional da sociedade e da política em última análise? Isso ainda está em aberto. Pode-se pensar em dois cenários bastante diversos, que eu chamarei de *cenário hegeliano* e *cenário Carl Schmitt*.

No primeiro caso, os egoísmos nacionais seguiriam respondendo à crise durante muito tempo, até o trem chamado Europa ficar com duas rodas penduradas no precipício. Nessa situação, a visão do abismo poderá gerar energias salvadoras, quando os atores no último instante reconhecerem que o caminho individualista fatalmente desembocará na catástrofe. É como se o imperativo cosmopolita "cooperar ou morrer" conseguisse se impor "pelas costas" dos tomadores de decisão, os quais agem movidos pelo egoísmo nacional. Assim, a "astúcia da razão" de Hegel teria uma chance histórica.

No centro desse cenário há duas questões. Primeira: como reconquistar a capacidade de ação da política na era

---

26. Cf., por exemplo, Bourdieu, Foucault, Weber e Luhmann, citados na nota 23. Para eles, geralmente "política" é sinônimo da tradicional "política nacional". Ou seja, as ideias desses autores de política nacional/internacional estão no fim. Não respondem à pergunta sobre que novas formas políticas (transnacionais) podem surgir. Carl Schmitt também partiu do pressuposto da dissolução da política nacional. Na crise atual, o que ocorre é o contrário: os Estados-membros da UE são atores-chave na tentativa de resolver a crise europeia.

dos riscos globais? E segundo: como promover de maneira democrática a cooperação transnacional? Como, por exemplo, compatibilizar o direito dos Congressos nacionais de decidir sobre seu orçamento com a necessidade de reagir de maneira rápida e decidida a novos eventos da crise? Como fortalecer a democracia no âmbito europeu?

O *cenário Carl Schmitt* é bem mais sombrio. Conforme já explicitei, a antecipação da catástrofe mexe de tal forma com a cena política que abre um jogo em torno da estratégia política. Aparecem novas opções, riscos podem ser usados como instrumentos de acúmulo de poder. Neste ponto a teoria da sociedade de risco vai ao encontro das reflexões de Carl Schmitt sobre o estado de exceção. "A exceção é mais interessante do que o caso normal", diz Schmitt. "A normalidade não prova nada, a exceção prova tudo; ela não apenas confirma a regra, mas a regra só vive por causa da exceção. Na exceção, a força da vida real rompe a crosta de uma mecânica paralisada pela repetição."[27] No estado de exceção — ou seja, "em caso de extrema emergência, quando o próprio Estado se encontra em perigo ou coisa do gênero",[28] é legítimo suspender a ordem vigente a fim de proteger o bem-estar comum.[29] Mas se,

---

27. Carl Schmitt, *Politische Theologie. Vier Kapitel zur Lehre von der Souveränität* [*Teologia política. Quatro capitulos sobre a doutrina da soberania*], 9ª ed., Berlim: Duncker & Humblot, 2009 [1934], p. 21.
28. *Ibidem*, p. 14.
29. *Ibidem*, p. 13.

para Schmitt, a lógica da ameaça da guerra está no centro do debate, na teoria da sociedade de risco o cerne é a lógica do risco.

A sociedade de risco é uma sociedade revolucionária (latente), em que já não existe mais uma separação clara entre estado de normalidade e estado de exceção. Quando se lida com a ameaça à existência do euro e da União Europeia, está se negociando implicitamente com um estado de exceção que já não se limita a alguns países. Estamos lidando com um "estado de exceção transnacional", que pode ser usado por atores totalmente diferentes (políticos nacionais, representantes não eleitos de instituições europeias como o Banco Central Europeu ou de movimentos sociais, bem como altos executivos de poderosos conglomerados financeiros) de maneiras diversas (com legitimação tecnocrática ou democrática).

Esses dois cenários não devem ser vistos como excludentes. Nos conflitos políticos que vivenciamos atualmente, há elementos dos dois cenários. Tecnocratas de diferentes países poderiam se reunir para tentar solucionar a crise além dos Parlamentos nacionais e do Parlamento europeu? Será que, em países devedores, populistas se aproveitarão do momento para ganhar legitimidade "democrática" e abandonar a zona do euro por causa dos compromissos de apertar o cinto? Será possível convencer os cidadãos de toda a Europa da necessidade de solucionar a crise juntos e de forma cooperativa? O que salta nitidamente aos olhos em todos esses questionamentos é a tensão entre a lógica do risco e a lógica da democracia. O progresso que a União Europeia personifica em contraste com a história imperial, colonial e nacionalista da Europa se torna palpável com a mesma naturalidade com que os conceitos "Europa" e "democracia" são usados como sinônimos. Por outro lado, no contexto do risco global, surge uma pressão pela ação rápida que ameaça atropelar as regras da democracia: a retórica da ameaça sempre é também uma retórica do poder. Assim, o discurso da ameaça do fim da Europa pode fazer nascer um monstro político. E nós nos vemos diante da pergunta: quanta democracia a catástrofe ameaçadora ainda nos permite?

Recapitulemos: a União Europeia tem dois caminhos possíveis pela frente. No melhor caso, conseguirá superar definitivamente a história bélica dos Estados nacionais e dominar as crises atuais no caminho rumo à cooperação democrática. No outro caso, as reações tecnocráticas à crise preparam o fim da democracia, uma vez que as medidas supostamente necessárias podem ser legitimadas pela justificativa da ameaça da catástrofe, declarando-se qualquer oposição como inconveniente e governando-se de modo absolutista. Neste momento, ainda é imprevisível em que direção a União Europeia se movimentará nesta crise.

O que me parece decisivo nesse contexto são quatro relações de tensão situadas em dimensões diferentes e que podem ser caracterizadas por duas duplas de conceitos: 1) mais Europa *versus* mais Estados nacionais; 2) "premidos pelo perigo" *versus* "proibidos por lei"; 3) a lógica da ameaça da guerra *versus* a lógica da ameaça do risco e 4) capitalismo global *versus* política nacional. Em seguida, analisarei mais detalhadamente essas quatro dimensões.

Mais Europa versus *mais Estados nacionais*

O risco cada vez mais palpável de um colapso também despertou o sonho de uma nova Europa (sendo esta uma hipótese-chave da teoria do risco). Aqui designarei por "arquitetos da Europa" aqueles que lutam pela Europa e desenvolvem novas ideias para reestruturá-la e ampliá-la. Neste sentido, "união bancária" é uma das novas expressões da esperança com que estes arquitetos da Europa acenam a fim de configurar o futuro da união política. A ideia central se baseia na suposição de que a catástrofe carrega dentro de si o imperativo cosmopolita: coopere, faça valer regras supranacionais, transforme a ordem vigente da política!

Os arquitetos da união bancária se defrontam com o problema de que os bancos vivem na dimensão transnacional, mas morrem no plano nacional. A ideia mais lógica seria tentar evitar a morte nacional dos bancos através de uma regulamentação transnacional, criando, para este fim, uma nova autoridade europeia. Também se discute uma espécie de Ministério das Finanças europeu.[30] Mas é precisamente contra isso que resistem veementemente os "nacionalistas ortodoxos", declarando que a organização política do Estado-Nação é imexível.* Para isso, apoiam-se no argumento de que a participação democrática precisa estar garantida — no que não deixam de ter certa razão, pois esta é uma contradição de difícil solução. Sobre isso, Severin Weiland escreveu no *Spiegel online*:

> Podemos esperar uma maciça resistência por parte dos Parlamentos. Afinal, trata-se de uma profunda intervenção em seu maior patrimônio: o direito orçamentário. O poderoso grêmio financeiro poderia representar uma ameaça que se configura como um horror para muitos parlamentares: a volta de uma dominação quase absolutista, dessa vez corporificada pelos ministros financeiros do euro em Bruxelas. Em muitos países, plebiscitos seriam inevitáveis, provavelmente também na Alemanha, de acordo com o artigo 146 da Constituição Federal.[31]

---

30. Severin Weiland, "Der Traum vom neuen Europa" ["O sonho de uma nova Europa"], in: *Spiegel online* (12/6/2012), disponível em: <http://www.spiegel.de/politik/deutschland/eu-experten-suchen-in-bruessel-nach-weg-aus-der-euro-krise-a-838173.html>, acessado em agosto de 2014.
*[N. R. T.] Até outubro de 2014, o Ministério de Finanças europeu ainda não havia sido criado.
31. Severin Weiland, *op. cit.*.

O risco que ameaça a existência da União Europeia clama por iniciativa política. O problema é que essa constatação e o sistema político baseado no Estado-Nação não se coadunam. Com isso, o que antes era chamado de "revolucionário" passa para a ordem do dia. Um chefe de governo precisa indicar o fim da política nacional com declarações sutis ou diretas, com passos pequenos ou grandes, e talvez até introduzir ou concretizar a mudança. Chanceleres, primeiros-ministros ou presidentes se tornam, por assim dizer, "revolucionários de meio expediente".

No curso desses conflitos, por toda parte surgem as demandas "explosivas" por solidariedade, democracia e justiça. Nesta planta arquitetônica de uma nova Europa não estaria faltando o pilar adicional da democracia? Faria sentido criar o cargo de um presidente europeu que pudesse ser eleito pelo voto direto por todos os europeus — em uma campanha conjunta e pública a ser feita em toda a Europa?

Os nacionalistas ortodoxos se defendem contra esses projetos revolucionários dos arquitetos da Europa. Eles viram do avesso a visão de "mais Europa" e lutam por mais Estado nacional, batendo na tecla da legalidade do sistema vigente. Assim, acham que devem bloquear as necessárias medidas de salvamento e — aos olhos dos arquitetos da Europa — tornam-se parte do problema que deveriam ajudar a solucionar.

A ruptura com a ordem vigente de sociedade e política, conforme aparece aqui, acontece quando os problemas cotidianos se tornam europeus, enquanto as respostas institucionais continuam sendo nacionais. Se as nações entregassem o controle sobre os negócios bancários à Europa, em última análise não perderiam poder, mas ganhariam soberania numa época em que uma certeza é inegável: o ramo financeiro global não pode mais ser regulamentado apenas em nível nacional.

A queda de braço por uma união bancária europeia repete, portanto, a lição política que vem ocorrendo cada vez mais no contexto das mudanças climáticas ou depois das ações terroristas do 11 de Setembro de 2001: tudo poderia ser infinitamente mais fácil se as pessoas, os grupos de interesse e os políticos abandonassem a ideia antiquada de soberania nacional e compreendessem que a soberania somente pode ser reconquistada em nível europeu na base de cooperação, diálogo e negociação.

Premidos pelo perigo versus *proibidos por lei*

A política europeia da chanceler Angela Merkel "desrespeita e ofende a Corte Constitucional Federal", critica Heribert Prantl no jornal *Süddeutsche Zeitung*:[32]

---

32. Heribert Prantl, "Wie lange noch? Die Europa-Politik der Kanzlerin missachtet und beleidigt das Bundesverfassungsgericht" ["Quanto tempo ainda? A política europeia da chanceler desrespeita e ofende o Tribunal Constitucional Federal"], in: *Süddeutsche Zeitung* (22/6/2012), p. 4.

O Tribunal Constitucional Federal pode dizer o que quiser, pode aconselhar, pedir, reivindicar, ordenar — mas o governo faz o que quer e o Parlamento aceita. Mais uma vez, acordos de alcance incalculável devem ser aprovados num espaço de poucos dias, poucas horas. Querem que os pacotes de leis para o pacto fiscal e o Mecanismo Europeu de Estabilidade para salvar o euro passem voando pelo Parlamento (*Bundestag*) e pelo Conselho Federal (*Bundesrat*).

Prantl se queixa de um "diletantismo executivo lamentavelmente míope":

> Os novos acordos tratam de somas bilionárias. Contêm construções jurídicas inéditas. Criam uma empresa para o Mecanismo Europeu de Estabilidade que está acima do direito e das leis — uma entidade que pode processar, mas não pode ser processada, que pode fazer o que quiser.

Para evitar mal-entendidos: Heribert Prantl certamente está preocupado com o futuro da União Europeia. Mas o que ele escreve é característico para a argumentação dos nacionalistas ortodoxos. Ele reclama que o que acontece é *proibido* pela Constituição, sem ir a fundo na pergunta se o que é proibido pela Constituição poderia ser recomendado para salvar o euro, a União Europeia — e talvez toda a economia mundial — do colapso. "Quanta pressão o direito pode suportar?" É o que pergunta, nesse contexto, o ex-vice-presidente do Tribunal Constitucional Federal, Winfried Hassemer.[33] Inversamente, deveríamos poder fazer a seguinte pergunta: quanto tempo a Europa ainda pode esperar?[34] Tentar ignorar ou minimizar o perigo que ameaça a Europa para erigir em estátua o *status quo* regulamentado pela constituição é simplificar demais as coisas.

Os arquitetos da Europa, portanto, agem em circunstâncias difíceis. Premidos pelo perigo, lutam por mais Europa, o que é proibido pelas leis. Por um lado, imaginam um modelo federativo, em que uma instância europeia central recebesse a soberania orçamentária dos parlamentos nacionais e no qual todos os países estivessem submetidos a uma rígida proibição de se endividar. Por outro lado, os arquitetos da Europa se veem diante do problema de como legitimar tal reestruturação da ordem nacional em uma ordem social, política e jurídica europeia. Como fazer isso — apontar para o

---

33. Winfried Hassemer, "Dalli, dalli, das Haus brennt!" ["Acudam, a casa está pegando fogo!"], in: *Frankfurter Allgemeine Zeitung* (28/6/2012), p. 33.
34. Em um texto intitulado "Anatomie einer Hintergehung" ["Anatomia de uma fraude"], Christian Geyer faz uma perspicaz análise do estilo de governo de Angela Merkel em tempos de crise do euro, alertando para a ameaça à democracia [in: *Frankfurter Allgemeine Zeitung* (21/6/2012), p. 29]. Ele atribui essa ameaça à democracia unicamente a Angela Merkel. O que não diz é que, em meio ao risco Europa, a ação política estruturalmente se vê diante do dilema de ser premida pelo perigo, mas proibida por lei. Não se sabe até que ponto o desenvolvimento rumo a uma democracia europeia está sendo posto em perigo por causa da insistência na democracia do Estado-Nação.

perigo que se quer impedir? — pelo caminho da aprovação formal e democrática de Parlamentos nacionais, que, diante da quantia de somas de crédito, da complexidade dos desafios e da pressão de tempo, se sentem extorquidos (o que praticamente exclui as iniciativas mencionadas e só permite uma rebeldia democrática em assuntos menores)?

O risco do euro está presente em todo o sistema político. Ele obriga, por exemplo, o Banco Central Europeu — principalmente seu presidente, Mario Draghi — a tomar medidas de salvamento que se legitimam no fato de evitar um perigo, mas que já não podem ser justificadas na base do mandato recebido por acordo de todos. "Precisamos determinar juntos o caminho para o euro", disse Draghi no início de maio de 2012. "Se quisermos a união fiscal, precisamos aceitar transferir a soberania fiscal dos governos nacionais para uma instituição europeia. Como chegar lá?"[35] No final de julho de 2012, ele chegou a anunciar a intenção de apoiar o euro com todas as medidas possíveis, o que provavelmente incluiria instrumentos cuja adoção significaria uma ruptura completa com o papel do Banco Central Europeu tal como vem sendo compreendido tradicionalmente, mais restrito ao combate à inflação.

---

35. *Apud* Wolfgang Proissl, "Die EZB als Brunnenbauer der Euro-Zone" ["O Banco Central Europeu, construtor de poços da zona do euro"], in: *Financial Times Deutschland* (12/6/2012), p. 24.

Com o risco do euro surge, portanto, uma nova e autônoma fonte para legitimar uma ação que almeja a *transformação política* da ordem social e política nacional. O conflito entre os nacionalistas ortodoxos, que insistem na política determinada pelas regras vigentes, e os arquitetos da Europa, defensores de uma política que mude as regras do jogo, alimenta-se da oposição entre a ação "ilegítima, porém legal" e "ilegal, porém legítima", sendo a legitimidade decorrente da premência da luta contra o perigo. Essa política emergencial é ilegal na medida em que contribui para um esvaziamento da democracia nacional. A catástrofe ameaçadora dá poder aos arquitetos da Europa e os obriga a utilizar artifícios legais a fim de permitir medidas que estão fora das constituições nacionais ou dos acordos europeus.

O ex-juiz constitucional Udo Di Fabio considera essa forma de fortalecer a política — obedecendo ao mote: "se o euro cair, a Europa se esfacela" — como um "pragmatismo torto", que afrouxa ou mesmo anula a legalidade da política. Se dissociarmos o direito da política, adverte ele, perderemos uma importante referência da ação política. "Se separarmos o Estado do direito e da razão, não teremos mais bússola alguma para a configuração humana e inteligente do século 21."[36]

---

36. Udo di Fabio, "Ewige Bindung oder flüchtige Liaison?" ["Casamento duradouro ou namoro rápido?"], in: *Frankfurter Allgemeine Zeitung* (6/10/2011), disponível em: <http://www.faz.net/aktuell/politik/staat-und-recht/der-westen-am-scheideweg-ewige-bindung-oder-fluechtige-liaison-11483302.html>, acessado em agosto de 2014.

Para Di Fabio, não é verdade que os nacionalistas ortodoxos estariam se movendo na zona cinzenta de uma legalidade ilegítima, já que eles têm o direito constitucional nacional do seu lado, enquanto não dispõem de outra resposta para a ameaça à Europa.

A lógica da ameaça da guerra versus a lógica da ameaça do risco

A chamada "transformação da política" se torna visível na transição de uma lógica da ameaça da guerra para uma lógica do risco iminente. No primeiro caso, trata-se de países se armando, de defender as fronteiras nacionais ou de subjugar inimigos; na lógica da ameaça do risco trata-se de cooperar em conjunto para evitar catástrofes — portanto, aquilo que descrevi antes no âmbito do *cenário hegeliano*. Carl Schmitt argumenta com uma contradição que chama de "nós/eles". Quando fala em riscos, pensa sempre na categoria de inimigos. A sua lógica exclui que a humanidade possa se engajar conjuntamente em prol de um objetivo, não prevê uma cooperação que transponha fronteiras. Schmitt escreve: "'Humanidade' é um instrumento ideológico especialmente útil para a expansão imperialista e, em sua forma ético-humana, um veículo específico para o imperialismo econômico. Neste caso se aplica, de forma modificada, a expressão cunhada por Proudhon: Quem diz 'humanidade', geralmente quer enganar."[37]

Viver e sobreviver dentro do horizonte do risco global, no entanto, segue precisamente a lógica inversa. Torna racional reconhecer o outro enquanto parceiro na cooperação e não enquanto inimigo a ser destruído. A lógica do risco, portanto, redireciona o olhar para a explosão da pluralidade no mundo, o que a perspectiva inimiga renega. A sociedade global do risco abre um espaço moral que poderia (mas não necessariamente) gerar uma cultura cívica de responsabilidade para além de todas as fronteiras e contradições. Os dois lados dos riscos globais são a experiência traumática da vulnerabilidade de todos e a responsabilidade que daí nasce para outros, até para a própria sobrevivência. Visto assim, o argumento de que a humanidade pode se autoinfligir perigos ganha o sentido colateral de um realismo egoísta. Quem diz "humanidade" quer se salvar a si próprio.

Outra diferença entre as duas lógicas de ameaça é a seguinte: o inimigo militar contra o qual se vai lutar na guerra pode ser claramente nomeado. Geralmente, conhecem-se também as informações necessárias sobre os objetivos, o tipo de armamento e a força militar do adversário. No âmbito da lógica do risco iminente, no

---

37. Carl Schmitt, *Der Begriff des Politischen*, texto de 1932 com um prefácio e três corolários, 8ª edição. Berlim: Duncker & Humblot, [1932] 2009, p. 21. [Edição brasileira: Carl Schmitt, *O conceito do político*, Petrópolis: Editora Vozes, 1992, tradução de Álvaro R. M. Valls.]

entanto, muitas vezes não existe um ator que se possa nomear, nem uma intenção antagônica. A ameaça não é direta, intencional e certa, e sim indireta, não intencional e incerta. Estamos falando de riscos globais, que em plena paz aparecem no mundo enquanto surgem efeitos colaterais incontroláveis de um desenvolvimento rumo a mais mercado, mais consumo, mais turismo, mais tecnologia, mais trânsito — em suma, efeitos colaterais das conquistas da modernidade.

Evitando mal-entendidos: não digo que o velho paradigma da guerra tenha se tornado obsoleto. Basta um rápido olhar nos conflitos que já eclodiram ou ameaçam eclodir (guerra civil na Síria, contencioso entre Israel e Irã). Mas é o paradigma do risco iminente que rege a dança das relações de vida e de poder na modernidade. Como se sabe, as guerras podem trazer destruição e sofrimento inconcebíveis para a humanidade. Mas o que começamos a entender agora é como, em plena época de paz, irrompem riscos que se tornam catástrofes, privando incontáveis pessoas da base de sua sobrevivência. Uma conquista como a União Europeia, com todas as suas instituições, pode ser levada à beira do colapso sem que, para isso, seja necessário um único blindado, helicóptero militar ou bombardeiro.

No confronto com o inimigo se forma e se renova a consciência nacional, tornando-se uma segunda natureza. No caso do risco, vale a lógica de ação oposta: em vez de exclusão e armamento, em vez de se proteger atrás da barricada da imagem do inimigo e de sofisticados sistemas militares, o novo imperativo, a nova racionalidade histórica agora são a comunicação e a cooperação além das fronteiras, a inclusão das diferenças nacionais, religiosas etc., a disposição de se aceitar mutuamente. Em suma: a superação da imagem do inimigo se torna razão de Estado. Na sociedade de risco global, portanto, observamos uma situação paradoxal: quando estamos ameaçados de afundar, o destino de outros países e de outras regiões já não nos é indiferente. A crise não apenas dilacerou a Europa, mas aproximou os europeus. Muitos de nós passamos a nos preocupar mais intensamente com os problemas da economia grega do que com a situação do mercado de trabalho da própria região. Quantas vezes ouvimos dizer que faltava a Europa aparecer mais na mídia — e agora? Nunca se ouviu falar tanto de Europa nas primeiras páginas dos jornais, nas seções de economia, nos suplementos culturais, na parte local, no botequim, à mesa do jantar. Será que a experiência de mortalidade da União Europeia acabará gerando uma consciência europeia que se dirige tanto contra a abstrata Europa de Bruxelas como contra a ortodoxia do Estado nacional?

Capitalismo global versus *política nacional*

Com o colapso do comunismo soviético, o capitalismo se globalizou e — na acepção mais geral — passou a tornar-se menos preso, em larga medida, à esfera do comando da política. Conservadores, social-democratas, verdes, políticos de todos os partidos se veem acossados em um jogo de poder dominado pelo capitalismo, que age no plano global. "Ninguém consegue fazer política contra os interesses dos mercados", esse ditado de Joschka Fischer foi exemplar para o entendimento da classe política nas últimas duas décadas.

Face à catástrofe ameaçadora, os governos nacionais e os representantes das instituições sediadas em Bruxelas agora se veem obrigados a agir. Quem não agir agora — ou fingir que está agindo — estará cometendo suicídio político. O risco obriga à busca por alternativas e novas opções de ação. Assim, em Bruxelas se cristalizou uma "célula revolucionária" dos arquitetos da Europa: o presidente da Comissão, José Manuel Barroso,* o presidente do Conselho, Herman Van Rompuy,** o presidente do Eurogrupo, Jean-Claude Juncker*** e Mario Draghi,**** chefe do Banco Central Europeu. Eles fazem novas propostas como a união bancária, a

---

* [N.R.T.] José Manuel Barroso foi presidente da Comissão Europeia entre 2004 e 2014.
** [N.R.T.] Herman Van Rompuy foi presidente do Conselho Europeu entre 2009 e 1º de dezembro de 2014, quando o cargo foi ocupado pelo ex-primeiro-ministro polonês Ronald Tusk.
*** [N.R.T.] Jean-Claude Juncker foi presidente do Eurogrupo (grupo consultivo de Ministros das Finanças dos países da zona do euro) entre 1995 e 2013. Em 1º de novembro de 2014 tomou posse da presidência da Comissão Europeia, em substituição a José Manuel Barroso.
**** [N.R.T.] Mario Draghi tornou-se preesidente do Banco Central Europeu em 2011.

licença bancária para o Mecanismo Europeu de Estabilidade, a introdução de um imposto sobre transações financeiras, a separação entre bancos comerciais e de investimento. Pensam também no cargo de um ministro europeu das Finanças, que teria um papel-chave para amarrar o capitalismo financeiro "libertado".[38]

A postura anterior era a seguinte: como não existem nem pode haver respostas globais políticas aos riscos globais, nada funciona. O exemplo da discussão em torno de um imposto sobre transações financeiras mostra que essa legitimação da falta de ação já ficou ultrapassada. Até o governo conservador-neoliberal da Alemanha já simpatiza com esse imposto e quer aprová-lo através de uma "coalizão de boa vontade", ou seja, para além das fronteiras de países e partidos, contra a resistência enérgica principalmente dos EUA e da Grã-Bretanha. Nesse tipo de avanço (pensemos, por exemplo, nos eurobônus e na transferência da soberania legal para o plano europeu), os arquitetos da Europa, no entanto, se veem diante de um obstáculo maciço. Embora estejam convencidos de que têm as soluções corretas para a crise, sabem que elas podem ser muito impopulares nos países que compõem a união, podendo colocar em risco a reeleição dos governos.

---

38. Cf. Severin Weiland, "Der Traum vom neuen Europa", *op. cit.*

2. A nova paisagem do poder na Europa

A União Europeia "fala" através de muitas vozes: a do presidente da Comissão, a do presidente do Conselho, a do encarregado de Negócios Exteriores, a dos chefes de governo que se alternam na Presidência da UE e, naturalmente, as vozes dos políticos de Paris, Berlim, Londres etc. Até pouco tempo atrás, costumava-se reclamar dessa cacofonia, mas de repente a Europa tem um telefone. Ele fica em Berlim e, no momento, pertence à senhora Angela Merkel.

Este é apenas um exemplo para a tese já abordada, segundo a qual os riscos podem levar a transformações tectônicas. Antes de esboçar os rompimentos que podem ocorrer no rastro da crise europeia, gostaria de lembrar dois episódios do ano de 2011 para tentar ilustrar como o microcosmo de regras e instituições mudou concretamente.

Em outubro de 2011, os chefes de governo e de Estado de todos os 27 países da UE se reuniram para debater o futuro da comunidade. Sem dúvida, um tema importante, mas o problema que realmente importava para a maioria dos participantes era outro: como salvar a moeda europeia. Depois de uma tarde inteira de discussões, pouco antes das 20h, o presidente do Conselho, Van Rompuy, não teve outro jeito senão romper um tabu: pediu que os dez chefes de governo dos países que não adotaram o euro se retirassem da sala — entre eles, orgulhosos pesos-pesados como o premiê britânico David Cameron e o primeiro-ministro polonês Donald Tusk. Só então os chefes de Estado e de governo da zona do euro iniciaram "a parte importante da sessão. Jantaram e conversaram sobre como salvar o euro".[39] Nada mais simbólico para ilustrar a perda de poder dos países fora da eurozona.

Segundo exemplo: "Finalmente poder voltar a dizer o que se quer dizer", foi a manchete do jornal *Süddeutsche Zeitung* em fins de maio de 2012 sobre a reunião de cúpula da UE em que o, então, recém-eleito presidente francês François Hollande participou pela primeira vez das negociações. Alguns políticos mal conseguiram disfarçar a alegria sobre o fato de que, com a saída de Nicolas Sarkozy, o "duo Mercozy" finalmente implodira, mas precisamente essas reações mostram como a hierarquia na Europa mudou nos últimos anos. Angela Merkel e seu colega francês dominavam as reuniões dos meses anteriores, muitas vezes retirando-se da sala para sessões exclusivas. Os outros, europeus de segunda classe, depois eram confrontados com as soluções prontas elaboradas pela dupla. Segundo a correspondente do jornal *Süddeutsche*

---

39. Dirk Kurbjuweit *et al.*, "Europa der zwei Europas" ["A Europa das duas Europas"], *op. cit.*, nota 18.

Zeitung para assuntos europeus, o premiê Jean-Claude Juncker, de Luxemburgo, certa vez teria sugerido que os demais participantes da reunião abandonassem o local em protesto contra a ausência provocadora da dupla hegemônica. Para os políticos dos países menores da UE, teria sido "quase uma libertação, poder voltar a dizer tudo o que queriam depois do fim da dupla Mercozy".[40]

Logo depois do encontro constrangedor de outubro de 2011, o semanário alemão *Der Spiegel* concluiu: "Desenham-se os contornos de uma nova Europa, uma Europa dividida. A nova fronteira corre entre os países da zona do euro e os demais."[41] Essa observação está totalmente correta, mas é preciso dizer que os contornos da ruptura ainda não estão totalmente nítidos. Existem pelo menos três dimensões da nova desigualdade na Europa. *Primeira*, a divisão entre os países que adotaram o euro e os demais países da UE; *segunda*, a divisão no âmbito da zona do euro entre países credores e países devedores; e, *terceira*, a divisão em uma Europa de duas velocidades diferentes.

---

40. Cerstin Gammelin, "Endlich wieder sagen, was man will. Auf dem EU-Sondergipfel nehmen Europas Politiker mit unverhohlener Freude Abschied vom Duo Mercozy" ["Finalmente poder voltar a dizer o que se quer dizer: os políticos da Europa não escondem sua alegria no adeus ao Duo Mercozy"], in: *Süddeutsche Zeitung* (25/5/2012), p. 7.
41. Dirk Kurbjuweit *et al.*, "Europa der zwei Europas", *op. cit.*

Divisão entre países do euro e demais países da UE

Quem mais sofre com a mencionada divisão entre países da zona do euro e os países que apenas pertencem à UE é a Grã-Bretanha, outrora uma potência mundial. Ela caiu para uma posição de insignificância na Europa, mas simultaneamente é atingida pelas consequências das decisões que são negociadas e aprovadas no clube fechado dos países da crise do euro. David Cameron, veementemente cético em relação ao euro e representante da ortodoxia dos Estados Nacionais, vetara em dezembro de 2011 a proposta de um pacto fiscal com regras orçamentárias e medidas restritivas dos gastos públicos dos países. Enquanto isso, a coalizão governamental de conservadores e liberais em Londres também já se declarava contra a planejada união bancária. O governo britânico insiste em estabelecer uma regulamentação dos bancos segundo as suas próprias ideias e quer evitar sobretudo que os negócios no centro financeiro de Londres sejam atingidos.

Mas o direito ao veto que a Grã-Bretanha pode exercer pelo fato de ser país-membro da UE — e que até pouco tempo atrás ainda era capaz de bloquear o desenvolvimento europeu, de repente perdeu sua eficácia com o avanço dos países da zona do euro. Ao mesmo tempo, o destino da segunda maior economia da UE pelo critério do mercado consumidor (junto com a França) hoje está inexoravelmente ligado à trajetória da comunidade. Cerca de 55% das exportações britânicas vão para a UE. Isso mostra claramente que os interesses britânicos não podem mais ser separados dos interesses da Europa toda. Em outras palavras: no âmbito da crise do euro, cresce o interesse da Grã-Bretanha de participar da mesa das negociações, mas, em determinados casos, ela será obrigada a se retirar da sala por ser um membro da UE fora da zona do euro.

Em termos de estratégia de poder, há uma consequência importante decorrente dessa divisão interna: os eurocéticos e antieuropeus estão sendo isolados. Um dos fundamentos — poderíamos dizer, um dogma — da UE (a sagrada lei da unanimidade) está sendo esvaziado e parcialmente substituído por decisões baseadas na maioria dos votos, e isso valoriza estrategicamente a condição de membro da zona do euro. Essa nova constelação possivelmente levará alguns dos Estados que ainda estão fora da zona do euro (como, por exemplo, a Polônia) a considerar participar do euro, apesar ou até por causa da crise.

Divisão entre países credores e devedores

No novo centro de ação dos países da zona do euro, sacudido por crises, também ocorre uma cisão dramática — entre os que já (ou quase) estão pendurados no "soro" do fundo de salvamento e os que financiam este fundo. Aos primeiros, não resta outra opção senão se curvar ao poder do patriotismo alemão ao euro. Assim, países como a Itália ou a Espanha — por sinal, países em que os intelectuais se entusiasmam e se engajam como em quase nenhum outro lugar pela ideia europeia —, apesar de serem parte da zona do euro e, assim, do novo centro do poder, ao mesmo tempo se veem privados do poder.

Visto dessa perspectiva, existem, na UE, *outsiders* exteriores e interiores. Os *outsiders* exteriores são os que só fazem parte da UE, mas não têm o euro. Os *outsiders* internos, por outro lado, são os que têm o euro, mas que dependem da ajuda financeira dos outros países. Podemos dizer que os países devedores formam a "subclasse" da UE. São obrigados a arcar com a perda de soberania e as feridas em sua dignidade nacional. A autodeterminação da democracia encolhe para a seguinte alternativa: aceitação ou exclusão da zona do euro.

Cooperação e integração europeias são conceitos que se tornam essencialmente ambíguos, e essa ambiguidade atinge sobretudo a nova "subclasse" de países europeus. Seu destino é incerto: no melhor caso, o federalismo, no pior caso, o neocolonialismo. Quem quiser, pode ver nisso sinais de retrocesso democrático. No feudalismo, somente os nobres tinham direito ao voto. Será que estamos no limiar de vivenciar uma reedição desses privilégios? No capitalismo de risco, somente os países ricos têm voz, enquanto os devedores precisam se contentar com uma democracia à sombra ou uma quase-democracia? Por outro lado, isso significaria: como a Alemanha é o país mais rico, passa a mandar agora no centro da Europa.

Divisão em uma Europa de duas velocidades

Com essas duas cisões que já mencionamos, surgiu uma terceira, que entrou, por assim dizer, "pela porta dos fundos": a divisão em uma Europa de duas velocidades diferentes. A ideia de que deveria ser possível para grupos de países-membros acelerar a integração política em determinadas áreas e avançar nesse sentido tem sido muito debatida desde os anos 1980. Em 2000, em uma palestra sobre a política europeia que chamou muita atenção, o então ministro alemão das Relações Exteriores, Joschka Fischer, refletiu sobre "centro gravitacional" que poderia assumir um papel de vanguarda, de "locomotiva para completar a integração política".[42] Tais propostas sempre foram polêmicas, porque vão de encontro ao conceito de União e ao princípio — durante muito tempo sagrado — da

---

42. Joschka Fischer, "Vom Staatenverbund zur Föderation — Gedanken über die Finalität der europäischen Integration" ["Da união de países até a federação: reflexões sobre a finalidade da integração europeia"], palestra proferida no dia 12 de maio de 2000 na Universidade Humboldt de Berlim, disponível em: <http://www.zeit.de/reden/europapolitik/200106_20000512_fischer>, acessado em agosto de 2014.

unanimidade. De lá para cá, o próprio Joschka Fischer já se afastou dessas ideias.[43]

Mas agora a Europa das duas velocidades de repente se tornou uma realidade, a despeito de todas as instâncias democráticas de legitimação. Os países diretamente ameaçados pela crise do euro ultrapassaram os demais países da UE e agora, queiram ou não, terão de entrar no papel de arquitetos da Europa. Mais um exemplo para as forças históricas que podem ser desencadeadas pela antecipação da catástrofe.[44]

---

43. Damir Fras; Bettlina Vestring, "Kleineuropäische Vorstellungen funktionieren einfach nicht mehr" ["A ideia de uma Europa 'pequena' simplesmente não funciona mais"], entrevista com Joschka Fischer, in: *Berliner Zeitung* (28/2/2008), disponível em: <http://www.berliner-zeitung.de/archiv/aussenminister-joschka-fischer-ueber-die-integration-der-tuerkei--den-ruecktritt-schroeders-als-spd-chef-und-eine-beziehung-zwischen-koch-und-kellner--klein-europaeische-vorstellungen-funktionieren-einfach-nicht-mehr-,10810590,10155702.html>, acessado em agosto de 2014.

44. Escreve a cientista política romena Alina Mungiu-Pippidi: "'Não foi exatamente muito polido por parte da Europa entrar em crise justamente quando nós aderimos, reclamou há pouco tempo um amigo diplomata do Leste. Depois de anos de combate a uma Europa de duas velocidades, agora ele assiste, perplexo, que precisamente essa solução se impõe como único caminho. O que pode ser feito? Se aceitarmos propostas de solução como o de Jean-Claude Piris [jurista que participou dos trabalhos de reação do Acordo de Lisboa] — ou seja, um acordo adicional só para os membros da zona do euro que não se veem na situação de passar para o federalismo financeiro —, a crise do euro terá acabado. Mas nós então teremos três Europas: a zona do euro forte e unida, uma zona do euro atrasada que não sabe se vai para frente ou se volta (Portugal, Grécia) e aqueles fora desse círculo, que não têm a menor perspectiva de se equiparar aos outros." ["Criza Ş cele trei Europe", in: *România Libera*, (14/11/2011). A tradução para o português está disponível em: <http://www.presseurop.eu/pt/content/article/1169731-crise-e-tres-europas>].

Resumindo: é fácil identificar que as três divisões aqui referidas agem na mesma direção, ou seja, todas fortalecem a posição predominante da Alemanha na UE. Ao mesmo tempo, vemos que esse ganho em poder reside na dinâmica da situação política e transcorre, por assim dizer, "pelas costas" dos atores e da opinião pública. Nesse sentido, o aumento de poder da Alemanha é um exemplo para a lei dos efeitos colaterais não intencionais.[45] Sobre isso, escreveu Eric Gujer no *Neue Zürcher Zeitung*: "A maioria dos alemães prefere para seu país um papel de grande Suíça num canto privilegiado na política mundial. [...] Berlim exerce sua liderança contra a vontade — de preferência, no campo econômico, raramente no campo da política externa e nunca militarmente."[46]

---

[45]. "Agora, por causa da crise, essa Alemanha europeia involuntariamente está no centro da Europa alemã. Ninguém pode duvidar seriamente de que a Alemanha exerça a liderança. Como a Alemanha quer, temos um Pacto Fiscal, aprovado por 25 países-membros da UE. Além disso, os alemães pedem aos desesperados gregos empobrecidos que façam 'seu dever de casa'. [...] A Alemanha não pretendeu a liderança da Europa, mas também está mal preparada para exercê-la... Que se tenha chegado a isto, é a prova da lei histórica das consequências involuntárias." Timothy Garton Ash, "Allein Kriegen sie es nicht hin" ["Sozinhos, eles não conseguem..."], in: *Der Spiegel* (13/2/2012).

[46]. Eric Gujer, "Die neue deutsche Frage" ["A nova questão alemã"], in: *Neue Zürcher Zeitung* (21/7/2012), disponível em: <http://www.nzz.ch/meinung/kommentare/die-neue-deutsche-frage-I.17383545>, acessado em agosto de 2014.

3. "Merkiavel": Hesitação enquanto tática para domar

Nicolau Maquiavel (1469-1527) foi o primeiro pensador que refletiu sobre uma forma de poder forjada nas tribulações dos tempos. Para ele, crises profundas, que semeiam a discórdia e geram contrastes destruidores, são o móvel da História. As crises propiciam a acumulação de poder, mas, dependendo da circunstância, também podem levar à sua decadência. Nesse ponto, a teoria de poder de Maquiavel tangencia a teoria da sociedade de risco global. Face às catástrofes ameaçadoras, abrem-se possibilidades (Maquiavel designou a oportunidade histórica por *occasione*), que um homem (*uomo virtuoso*) — ou uma mulher — com talento para o poder pode aproveitar. Foi precisamente isso que Angela Merkel fez. Ela aproveitou a ocasião e reestruturou as relações de poder na Europa. A seguir, explicitaremos em detalhes como conseguiu fazê-lo.

Antes de mais nada, é preciso dizer que a tribulação atual com a crise do euro e da Europa é muito maior do que a confusão que serviu de modelo para Maquiavel quando, na transição do século 15 para o século 16, escreveu *O príncipe*. Como se sabe, esse manual cínico e realista sobre como conservar e tornar absoluto o poder foi dedicado a um príncipe, Lorenzo II de Médici, soberano de Florença.

Acontece que, proporcionalmente à sua arquitetura política, a União Europeia tem muitos príncipes, e não um único soberano. Afinal, a UE não é um grande país com um governo, um Parlamento, um povo e uma Constituição. A existência política se baseia em uma falta de transparência arbitrária das relações de poder, ou seja, à coexistência — com direitos iguais — de instituições europeias, governos nacionais, Parlamentos etc. Portanto, a pergunta sobre quem detém a soberania em princípio nunca pode ser claramente respondida, e que o poder precisa ser equilibrado e renegociado caso a caso.[47] A essa falta de transparência da existência dupla — uma Europa *versus* várias nações individuais — acresce ainda a falta de transparência que decorre do fato de que as bases da União Europeia são abaladas por uma crise dupla: por causa do alto endividamento, alguns países-membros estão próximos da falência. Ao mesmo tempo, essas dívidas ameaçam o euro, os membros da zona do euro e, em última análise, a própria UE. Questionar se o vírus da dívida vai contaminar todos os países, se ele vai exigir uma resposta solidária ("se cair o euro, cai a Europa") ou se isso recairá sobre a responsabilidade de alguns poucos países e, sobretudo, quem detém o poder de decidir por todos incendeia os conflitos

---

47. No livro *Das kosmopolitische Europa: Gesellschaft und Politik in der Zweiten Moderne* [*A Europa cosmopolita: sociedade e política na segunda modernidade*], Frankfurt am Main: Suhrkamp, 2004, Edgar Grande e eu tentamos compreender sistematicamente essa duplicidade política.

que podem até acelerar a ruptura que se desenha no horizonte. A novidade alarmante, nisso, não reside em que tais conflitos fundamentais abalem a UE.

Em princípio, a UE sempre foi sinônimo de conflitos e crises. Como um *perpetuum mobile*, a falta de nitidez da dupla soberania volta e meia esquenta esses conflitos. A novidade na situação atual é que as velhas estratégias com as quais, no passado, os conflitos eram evitados, suavizados ou resolvidos não funcionam mais na crise da moeda e no âmbito do debate com a questão de como ela vai ser resolvida. É por isso que a UE ameaça romper, é esse o caos que hoje clama por uma nova conformação de poder.

Muita gente considera Angela Merkel uma espécie de rainha não coroada da Europa. Quando nos perguntamos qual é a fonte de poder da chanceler alemã, descobrimos uma característica de sua ação: a sua tendência a não agir, ainda não agir, agir mais tarde — em suma, a sua inclinação para a hesitação. Na crise europeia, Merkel hesitou desde o início e continua hesitando. No começo, nem quis pôr a tragédia da dívida grega na pauta política da Europa. Em seguida, recusou-se a salvar a Grécia, depois barrou as soluções de ajuda para a Espanha e a Itália. A prioridade de Angela Merkel não é a de salvar os países devedores isoladamente. Antes de mais nada, quer ganhar as eleições na Alemanha. E para isso, como escreve o semanário *Der Spiegel*, precisa "proteger o dinheiro alemão para garantir a competitividade da Alemanha nos mercados globais e, ao lado disso, eventualmente também salvar a Europa".[48] Ela também faz um tipo de política europeia interna que serve em primeiro lugar à manutenção do poder nacional. Outra característica típica da chanceler alemã é a sua versatilidade quase maquiavélica. Segundo Maquiavel, o príncipe só precisa manter sua palavra de ontem se isso lhe trouxer vantagens hoje. Se trouxermos isso para a situação presente, a máxima será a seguinte: podemos fazer hoje o exato oposto do que anunciamos ontem, se isso aumentar as chances para a próxima eleição. Assim, Merkel lutou durante muito tempo para prolongar a vida útil dos reatores nucleares alemães, enquanto analisava tranquilamente o possível abandono desta tecnologia na Europa. Mas depois do acidente de Fukushima, tomou a decisão de abandonar a energia nuclear. Desde então, ela mostrou ser a mestre da "salvação no último segundo". Hoje, é capaz de dizer: "Eurobônus? Nem morta!" Amanhã, já pode mandar o ministro das Finanças, Wolfgang Schäuble, buscar uma solução alternativa (créditos diretos do Banco Central Europeu aos bancos e países falidos, que, em última análise, também são pagos pelo contribuinte alemão).

A afinidade política entre Merkel e Maquiavel — modelo que batizei de Merkiavel — baseia-se em quatro componentes que se completam mutuamente.

---

48. Kurbjuweit *et al.*, "Europa der zwei Europas", *op. cit.*

Primeiro: a Alemanha é o país mais rico e poderoso em termos econômicos da UE. Em face da crise financeira, todos os países devedores dependem da disposição dos alemães de avalizar os créditos necessários. Em termos de teoria do poder, isso é trivial e ainda não caracteriza o maquiavelismo de Merkel. Esse reside antes no fato de Angela Merkel *não* tomar partido no conflito entre os arquitetos da Europa e os nacionalistas ortodoxos, ou melhor: de manter abertas as duas opções opostas. Nem é solidária com os europeus (dentro e fora da Europa) que reivindicam claros compromissos alemães, nem apoia os céticos, os quais querem negar qualquer tipo de ajuda. Merkel associa a disponibilidade de crédito da Alemanha — e aqui está o merkiavelismo — à disposição dos países devedores de cumprir as exigências da política alemã de estabilidade. Eis o primeiro princípio de Merkiavel: quando se trata de dinheiro alemão para os países devedores, ela não diz nem *sim* nem *não*. Ela diz *talvez*.

Segundo: como resolver essa postura ambivalente na prática política? Maquiavel pediu *virtù*, ou seja, virtude, energia política e ação. Aqui topamos com uma segunda característica: o poder de Merkiavel se fundamenta em uma atitude passiva, em sua hesitação. Essa arte da hesitação voluntária, a mistura de indiferença, rejeição europeia e engajamento europeu são a fonte da posição de poder da Alemanha numa Europa torturada pela crise. A hesitação enquanto tática para domar, eis o método de Merkiavel. O instrumento de pressão não é a invasão agressiva do dinheiro alemão, mas o contrário: a ameaça de se afastar, de hesitar, de negar os créditos. Se a Alemanha negar sua aprovação, a ruína dos países devedores será inevitável. Portanto, só existe uma coisa pior do que ser atropelado pelo dinheiro alemão: é *não* ser atropelado pelo dinheiro alemão.[49]

Angela Merkel tem aperfeiçoado essa forma de poder involuntário, legitimada pelo respeito à poupança. A atitude aparentemente apolítica, ou seja, a de não fazer nada, transforma a paisagem do poder na Europa. A ascensão da Alemanha ao lugar de potência hegemônica na Europa, dessa forma, é impulsionada e, ao mesmo tempo, encoberta. Esse é o truque que Merkel domina, e tal roteiro poderia efetivamente ter sido escrito por Maquiavel.

O novo poder alemão na Europa não se baseia, portanto, na violência como razão última, como ocorreu em outras épocas. Já não necessita de armas para subjugar outras nações à sua vontade. Por isso, falar de Quarto Reich parece absurdo. O poder fundado na economia é muito mais versátil. Não é preciso invadir um país, mas mesmo assim, ele é onipresente. Seu poten-

---

49. Uma forma parecida de poder também caracteriza a relação entre os Estados nacionais e o capital móvel; cf. Ulrich Beck, *Macht und Gegenmacht im globalen Zeitlater. Neue weltpolitische Ökonomie.* Frankfurt am Main: Suhrkamp, 2002, p. 97. A crise financeira mostrou como essa lógica econômica do poder ocorre na relação entre países.

cial de extorsão não nasce da lógica da guerra, e sim da lógica do risco, mais precisamente: a lógica da ameaça do colapso econômico. A estratégia da recusa — não fazer nada, não investir, não disponibilizar créditos e recursos — é a alavanca central da potência econômica Alemanha na Europa do risco financeiro.

Terceiro: dessa maneira, logra-se o aparentemente impossível: unir a elegibilidade nacional com a função de arquiteto da Europa. Mas isso também significa que todas as medidas para salvar o euro e a União Europeia precisam passar pelo teste da política interna, ou seja, provar que beneficiam os interesses da Alemanha e a posição de poder de Merkel. Quanto mais críticos à Europa os alemães se tornam, mais se veem rodeados de países devedores que querem avançar na carteira alemã, e mais difícil fica manter essa posição. Merkiavel respondeu a esse problema com o trunfo "uma Europa alemã".

Internamente, a chanceler tranquiliza os alemães preocupados com a aposentadoria, a casa própria, o milagre econômico, ao incorporar com rigidez protestante uma política que vai dosando os "nãos" e ascendendo, assim, à posição de preceptora da Europa. Ao mesmo tempo, no lado da política externa, ela assume uma "responsabilidade europeia", ao incluir os países do euro com uma política do "mal menor". Sua oferta soa mais ou menos assim: mais vale um euro alemão do que euro nenhum. Nesse aspecto, Merkel se apresenta em amplo espectro como fiel discípula de Maquiavel. É melhor ser amado ou temido?, este pergunta em *O príncipe*. "Responde-se que se quer ser tanto um quanto o outro. Mas como é difícil reuni-los, é muito mais seguro ser temido que amado, no caso de ser preciso renunciar a um dos dois."[50] Angela Merkel aplica esse princípio de forma seletiva: quer ser temida no exterior e amada na Alemanha — talvez precisamente porque está ensinando o exterior a temer.

Neoliberalismo brutal para fora, consenso social-democrata para dentro do país, eis a fórmula de sucesso com a qual Merkiavel ampliou sua posição de poder e a da Europa alemã.[51]

Quarto: Merkel quer ditar — até mesmo prescrever — aos países parceiros o que considera ser a fórmula mágica para a economia e a política. O imperativo alemão diz: poupar! Poupar em nome da estabilidade. Na realidade, no entanto, a política de poupança das

---

50. Nicolau Maquiavel, *O príncipe*, tradução de Maria Lucia Cumo, São Paulo: Paz e Terra, 2014, p. 84.
51. Para Brendan O'Neill, da revista virtual *Spiked*, Merkel personifica o sentimento "esquizofrênico" de amor e ódio, que hoje muita gente tem em relação à UE: "O poder da UE é visto como perigoso, mas a passividade da UE também. Para alguns, a UE destrói nações inteiras, outros acham que ela não faz o suficiente para salvar os países. A forma como Merkel e a UE são tratadas hoje me lembra uma afirmação de Homer Simpson sobre a cerveja, dizendo que é 'a causa e a solução de todos os problemas da vida'." *Apud* Carolin Lorenz, "Schwimmstunden für die Kanzlerin" ["Aulas de natação para a chanceler"], in: *Spiegel online*, (8/6/2012), disponível em: <http://www.spiegel.de/politik/ausland/euro-krise-europas-presse-ueber-die-politische-union-in-europa-a-837689.html>, acessado em agosto de 2014.

famosas donas de casa da Suábia geralmente se traduz em cortes dramáticos dos recursos para pensões e aposentadorias, educação, pesquisa, infraestrutura etc. Estamos lidando com um neoliberalismo duríssimo, que agora, na forma de um Pacto Fiscal, também entra na constituição da Europa, passando ao largo da (fraca) opinião pública europeia.[52]

Esses quatro componentes do *merkiavelismo* — a conciliação entre nacionalistas ortodoxos e os arquitetos da Europa, a arte da hesitação enquanto estratégia para domar, o primado da elegibilidade nacional, bem como a cultura alemã da estabilidade — fortalecem-se mutuamente e formam o cerne do poder da Europa alemã. Até para a *necessidade* — ou seja, a situação emergencial

---

[52]. No jornal polonês *Gazeta Wyborcza*, Piotr Buras aponta para o paradoxo de a marcha da vitória europeia do modelo alemão de estabilidade coincidir com o seu fracasso histórico: "O sistema da moeda comum se baseava no modelo alemão, o Banco Central Europeu foi uma réplica do Bundesbank. A queda desta Europa de Maastricht arrasa duas suposições determinantes para a política alemã, a saber, que as soluções alemãs sejam as melhores para a Europa e que o modelo econômico alemão floresça em simbiose com a integração europeia. Antes do início da crise, ambas as suposições faziam sentido. A Alemanha apoiava uma integração cada vez mais estreita, servia como força motriz do mercado comum e da moeda comum — e tudo isso favoreceu a Europa. [...] Hoje, essa simbiose acabou. [...] É um paradoxo que a Alemanha precise se reinventar exatamente no momento em que o seu modelo é bem-sucedido, em que a economia floresce e os índices de desemprego estão baixos. Ter de mudar o rumo nesse momento exige muita coragem e determinação, o que falta à senhora Merkel." ["Koniec nemiecjiej Europy" ["O fim da Europa alemã"], in: *Gazeta Wyborcza* (14/6/2012), disponível em: <http://www.presseurop.eu/de/content/article/2219711-das-ende-des-deutschen-europas>, acessado em agosto de 2014].

histórica à qual o príncipe poderia reagir, segundo Maquiavel — encontramos um paralelo com Merkel: o "governante bondoso" (a Alemanha, Thomas Schmid) se vê obrigado a priorizar aquilo que é essencial, premido pelo perigo em relação ao que é proibido por lei. Se a finalidade é disseminar a política alemã de austeridade por toda a Europa, Merkiavel não vê problema em afrouxar normas democráticas ou até atropelá-las.

Disso decorre uma série de consequências e questões.

A hierarquia do poder que surge assim na relação das democracias nacionais entre si não se legitima de forma democrática, mas resulta de suas respectivas posições no mercado mundial. As decisões que são tomadas não são todas obrigadas a ser legitimadas na mesma medida. Não surgem pelo caminho da votação democrática, mas são resultado da distribuição do poder econômico. Não necessitam de aprovação no plano externo, e sim no plano da política interna. Não dar dinheiro aos países devedores do Sul, para a Alemanha, é altamente legítimo e politicamente oportuno.

Mas como é possível que o pôquer político calcado no "talvez", que o governo alemão usa para apoiar o euro e salvar a UE, resulte em um ganho de poder dos alemães na Europa? Na visão dos arquitetos da Europa, o que vale é o seguinte princípio: uma ampliação da união política oferecerá novas oportunidades de poder para todos os países-membros — mas só para eles. Cada país terá direito a voto no espaço europeu, cada país terá direito de participar das decisões a serem tomadas, cada país poderá influenciar diretamente o rumo da política europeia. Ao mesmo tempo, poderá contar com apoio do poder concentrado da UE em casos de problemas no próprio país, não importando que sejam de criminalidade, catástrofes naturais, crise na agricultura ou a ameaça da falência do Estado.

No rastro da crise do euro, no entanto, esse jogo de soma positiva da cooperação agora se transformou em um jogo de soma zero, e alguns participantes precisam arcar com vultosas perdas de poder. O que se evidencia é que a cooperação pode assumir duas formas bastante diferentes: pode se basear em reconhecimento mútuo ou então em dependência hierárquica. Quem defende a cooperação não raro esconde, atrás da oferta de reconhecimento mútuo, interesses próprios de controle e de dominação.

Exagerando um pouco: no momento, parece que apenas os países ricos e poderosos podem esperar um acréscimo de poder via cooperação, enquanto aos países devedores resta temer ficar subjugados aos ditames dos "parceiros" mais fortes e de suas regras. No momento em que não apenas países pequenos, mas também maiores caem na armadilha da dívida, cresce o poder da Alemanha — com sua política do "talvez" — na Europa.

Isso evidencia novamente que a ascensão da Alemanha para a posição de líder numa "Europa alemã" não é o resultado de um plano de negócio secreto, esboçado com tática e astúcia. Antes, aconteceu de forma involuntária e não planejada, sendo um resultado da crise financeira e da antecipação da catástrofe. Considerando a sequência dos acontecimentos, no entanto, começou um estágio do planejamento mais consciente, segundo nossa suposição. A chanceler identificou na crise a sua *occasione*. Combinando a *fortuna* (circunstâncias) com a *virtù* (astúcia) merkiavélica, conseguiu aproveitar-se da oportunidade histórica e se beneficiar tanto no plano da política interna quanto no da política externa. É bem verdade que está se formando um grupo de pessoas para quem o acelerado processo de europeização fere os direitos do Parlamento alemão e, por isso, atenta contra a Constituição. Mas Merkel, habilidosa, sabe instrumentalizar até mesmo esses bastiões de resistência, pois os atrai com a sua política de domar através da hesitação. Mais uma vez, ela ganha duplamente: mais poder na Europa e mais popularidade internamente, com os eleitores alemães.

É possível que o método de Merkiavel atinja seu limite, pois a política alemã de austeridade até hoje não apresentou resultados satisfatórios — ao contrário: a crise da dívida agora também ameaça a Espanha, a Itália, dentro de pouco até a França. Os pobres se tornam mais pobres, a classe média está em queda, e ainda não se vê a luz no fim do túnel. Também nesse caso, o poder poderia fazer surgir um contrapoder — afinal, com a saída de Nicolas Sarkozy, Angela Merkel perdeu um importante aliado. Desde que François Hollande assumiu o governo na França, os pratos da balança mudaram bastante. Representantes dos países devedores poderiam se juntar aos arquitetos da Europa em Bruxelas e Frankfurt a fim de desenvolver uma alternativa à política de austeridade de Angela Merkel (e, não esqueçamos, de Philipp Rösler, chefe do partido liberal FDP), que é frequentemente populista, objetiva ganhar eleitores e é movida pelo medo da inflação. A alternativa poderia ser repensar a função do Banco Central Europeu para que ele se oriente mais pela política de crescimento do Banco Central norte-americano.[53]

Não devemos excluir outro cenário totalmente diferente: Angela Merkiavel, a europeia hesitante, romperia a coalizão com o partido FDP, cético em relação à Europa, formaria um governo de transição junto com o Partido Social-Democrata a fim de salvar o euro, para ingressar na batalha eleitoral em 2013 no papel de salvadora da Europa, fortalecida no plano interno e externo. Ela também poderia salvar o euro com ajuda dos partidos (pró-europeus) dos social-democratas (SPD) e os verdes, contra a vontade dos eurocéticos nos partidos

---

53. Cf. Alexander Hagelüken, "EZB in der Euro-Krise. Draghi wagt den Drahtseilakt" ["O Banco Central Europeu na crise do euro: Draghi ousa um ato de acrobacia"], in: *Süddeutsche Zeitung* (2/8/2012), disponível em: <http://www.sueddeutsche.de/wirtschaft/ezb-in-der-euro-krise-draghi-ein-drahtseilartist-mit-absturzgefahr-1.1430252>, acessado em agosto de 2014.

conservadores FDP, CSU e partes do CDU — por assim dizer, em uma mudança de coalizão sem mudança de governo.* Um argumento para uma das duas alternativas com certeza é que Merkel seguramente não tem interesse em entrar nos livros de história como a chanceler do euro fracassado.

Do peso da História à carga do preceptor

Enquanto os outros países afundam cada vez mais em suas dívidas, a economia da Alemanha, até o momento, segue no rumo do sucesso. Isso também se reflete na atmosfera política, na mídia e na opinião pública: surge um novo orgulho nacional, baseado na plena noção das realizações do país. Poderíamos descrever esse novo sentimento da seguinte maneira: não somos os donos da Europa, mas somos os preceptores dela.

Esse nacionalismo do tipo "nós voltamos a ser *os caras* e sabemos por onde devemos ir" está enraizado no que se poderia chamar de "universalismo alemão".

---

* [N.R.T] Em setembro de 2013, o partido de Angela Merkel, o CDU, junto com seu partido irmão, o CSU, obtiveram mais de 40% dos votos, garantindo um terceiro mandato histórico para a chanceler. O FDP, partido liberal, não obteve os 5% de votos necessários para a representação e, como previsto por Ulrich Beck, Merkel teve o apoio dos social-democratas para a formação de uma coalizão de governo. A coalizão CDU-CSU garantiu 311 cadeiras, enquanto os social-democratas (SPD) obtiveram 192. A esquerda tradicional e o Partido Verde obtiveram juntos 127 cadeiras. Dados disponíveis em: <http://www.theguardian.com/world/2013/sep/23/german-election-angela-merkel>, acessado em agosto de 2014.

Não só a Europa se torna alemã, mas a verdade também, ou seja: a verdade da política de austeridade. Uma coisa está relacionada à outra.

O que quer dizer universalismo alemão em termos de política europeia?

O universalismo quer dizer o seguinte: eu sou o dono dos parâmetros que decidem sobre bem e mal, sobre certo e errado; não só aqui, entre nós, mas também para vocês; não só agora, mas também amanhã e depois. Esse universalismo busca tirar do hábito de pensar a mácula de sua origem — o espaço de vivência histórica no centro da Europa — ao projetar o mundo no horizonte da "razão". Isso significa concretamente: a partir do monólogo, na conversa consigo mesmo, na busca das condições transcendentais da possibilidade de "eu penso o mundo, tu pensas Deus, o outro, a História, a economia etc.". Nisso se descuida da capacidade de enxergar com os olhos dos outros. Na dimensão europeia, esse universalismo é o cerne da arrogância, do nacionalismo alemão "nós voltamos a ser *os caras*". Isso coloca em termos absolutos a própria experiência social e política, esquecendo, recalcando, permanecendo cego em relação às circunstâncias especiais de sua eficácia. O que é bom para a economia alemã é bom para a europeia e até além disso!

De fato, muitos países vizinhos europeus olham com surpresa, admirados e com inveja para o "milagre do emprego alemão". Até há poucos anos, a Alemanha era o "doente" da Europa, com economia estagnada e quase 5 milhões de desempregados. Agora, é a campeã, com um crescimento econômico de 3,7% e 3% em 2010 e 2011, o dobro da média europeia, tendo reduzido o desemprego à metade e, entre os jovens, até a um terço.* Não só dentro do país, mas também no exterior isso acaba sendo recomendado por boa parte das elites na economia, na política, na ciência e na mídia como receita especial para a Europa. Se alguém quiser aprender sobre a melhor política econômica para a crise, que leia a "Agenda 2010" alemã.

Essas reformas iniciaram, em 2002/2003, uma mudança de paradigma na política para o mercado de emprego na República Federal da Alemanha, com o lema "apoiar e demandar" (*Fördern und Fordern*). O objetivo era aumentar a pressão sobre os desempregados para aceitarem empregos com qualificação e rendimentos mais baixos e piores condições de trabalho. Os custos para as empresas caíram bastante através de cortes na seguridade social. Mas a esperada contrapartida de investimentos e novos empregos não ocorreu. Só com a recuperação da conjuntura mundial, depois de 2006,

---

* [N.R.T.] Apesar da trajetória de estabilidade da economia alemã ter continuado sem uma grande taxa de desemprego, seu crescimento declinou nos anos posteriores. Em 2012 e 2013, o crescimento alemão foi de 0,7% e de 0,4%, respectivamente. No entanto, em comparação com a média de crescimento da União Europeia (em 2012, –0,4% e, em 2013, 0,1%), o crescimento alemão ainda pode ser considerado vigoroso. FONTE: Banco Mundial.

bem como nos anos de crise (2008/2009), a Alemanha se beneficiou de seu modelo exportador ofensivo, mas parcialmente também à custa dos países atingidos pela crise na Europa. O "remédio amargo" da política de austeridade, no entanto, também tem uma consequência aguda: universaliza o "precariado". Cerca de metade dos novos empregos são a ocupação precária com trabalhos temporários (1 milhão), ocupações menores com remuneração mensal de 400 euros (7,4 milhões), e atividades com prazo fixo (3 milhões). Nesse caminho, a cisão social e o leque de rendas aumentaram rapidamente.

A norma alemã de estabilidade e a política de austeridade obrigam os governos dos países endividados a impor programas de contenção contra a resistência das populações. Até agora, no entanto, esses programas tornaram a crise europeia mais aguda, com o tiro saindo pela culatra. Pois com a recessão econômica a receita fiscal também cai, e os custos do emprego sobem. Isso, por sua vez, aumenta as dívidas estatais, o que deflagra mais condições de austeridade, que por sua vez aprofundam ainda mais a crise econômica. Esse é o círculo vicioso em que a "política alemã de austeridade" lança os países devedores europeus.

A justificativa alemã para essa política ascética poderia ser de Martinho Lutero e da ética evangélico-protestante, ou seja: o sofrimento da crise faz bem. O cami nho pelo inferno e pela receita da austeridade leva ao céu da cura econômica.

O cerne dessa política é o "não" sem o "sim": nada de eurobônus, nada de aumentar os recursos disponíveis para manter a estabilidade europeia (atualmente, 500 bilhões de euros), nada de recursos diretos para o colapso do sistema bancário, apenas dinheiro para os respectivos países devedores, que assim se tornam responsáveis por cumprir a política de austeridade, nada de programas de investimento para acelerar a economia, a qual se financia através de novas dívidas.

Isso joga uma nova luz sobre a pergunta: o que significa a Europa para os alemães no início do século 21? Ou então: para que a Alemanha ainda precisa da Europa? Pois as condições históricas sob as quais essa pergunta encontrava uma resposta lógica se modificaram substancialmente no âmbito da crise, mas também com a integração dos países centro-europeus e do Leste depois da queda do Muro de Berlim.

Pois a ligação alemã com a Europa tinha um sentido de *realpolitik* depois da Segunda Guerra Mundial. Até os anos 1990, os objetivos da política alemã somente podiam ser atingidos quando a Alemanha se colocava claramente ao lado da Europa.[54] Isso vale especialmente para a política da unificação, que só foi realista enquanto política cosmopolita, transnacional. Na dimensão

---

54. Timothy Garton Ash, *Im Namen Europas — Deutschland und der geteilte Kontinent* [Em nome da Europa: a Alemanha e o continente dividido], München: Hanser, 1993, p. 600 ss.

nacional, com negociações diretas com a RDA, esse objetivo era totalmente ilusório nas condições da Guerra Fria. Somente o "desvio" cosmopolita através da Europa, incluindo também Washington e Moscou e se utilizando da ameaça nuclear à humanidade para tornar permeável a "Cortina de Ferro", abriu uma perspectiva realista ao objetivo da restituição da unidade alemã. Até então, a identificação com a Europa, portanto, tinha um sentido nacional claro: quanto mais europeu, mais nacional.

Depois do militarismo alemão e do holocausto até a unificação com a antiga RDA; a resposta à pergunta dos alemães em relação a si próprios, portanto, era a seguinte: Europa!

"A Alemanha é a nossa pátria, a Europa é o nosso futuro", disse o chanceler Helmut Kohl em seu programa de governo para os anos 1991-1994. Segundo ele, o objetivo era "a unificação política da Europa". E Willy Brandt disse durante a primeira sessão do Parlamento alemão depois da unificação: "Alemanha e Europa são partes indissolúveis de um todo agora e, espero, no futuro." Segundo diz expressamente o artigo 23 modificado da Constituição Federal alemã, a Europa é parte da razão de Estado da Alemanha unificada. Com a universalização da política de austeridade alemã, no entanto, as elites na política, na economia e na mídia começaram a querer transferir as "verdades" adquiridas com a unificação para a Europa da crise. Com isso, a arrogância dos *"wessis"* (os alemães ocidentais) em relação aos *"ossis"* (alemães orientais) foi transferida para a relação com o "descalabro econômico" dos países devedores. Em outras palavras: o modelo da política de crise alemã na Europa é a unificação com a RDA falida. Com uma diferença fundamental: na Europa em crise a palavra "solidariedade" virou palavrão.

O erro fundamental da política alemã de austeridade econômica não reside apenas em definir de forma nacional e unilateral o bem-estar econômico, mas principalmente na arrogância de querer definir os interesses nacionais de outras democracias europeias.

Não só em relação à crise financeira e do euro: também em outras áreas — da ecologia ao ramo da energia nuclear — os alemães se consideram responsáveis. Têm o sentimento de estar sendo rodeados por um bando de países preguiçosos. Os espanhóis, os italianos, os gregos e os portugueses podem até ser superiores a nós no que diz respeito à alegria de viver. Mas a sua frivolidade! A leviandade! Precisam finalmente aprender o que significa a disciplina orçamentária, a moral fiscal, proteger a natureza. Precisam entender que, em um mundo globalizado, orçamentos limpos e o meio ambiente limpo são prioritários.

Os países do Sul, portanto, precisariam de aulas de reforço, uma espécie de *reeducação* no que diz respeito à contenção de despesas e ao sentimento de responsabilidade. Para a maioria dos alemães, essa é uma demanda que deriva quase que obrigatoriamente dos números frios, razão pela qual seria um grande equívoco suspeitar aqui apenas de arrogância ou de sede de poder por parte dos alemães. Afinal, na visão deles, trata-se apenas de treinar os gregos, os espanhóis e os italianos a enfrentar o mercado global. É isso que os alemães, nesse momento, consideram seu dever histórico. Se o ex-chanceler Helmut Kohl prometia paisagens florescentes na Alemanha do Leste, Angela Merkel as quer na Europa toda.

Talvez essa nova autoestima seja importante porque libera os alemães mais um pouco da carga do "nunca mais" — Holocausto nunca mais, fascismo nunca mais, militarismo nunca mais. Assim, o ímpeto pedagógico dos alemães teria sua origem na História — afinal, foi logo depois da Segunda Guerra Mundial, depois do grande desastre militar e moral, que surgiu a ideia de uma Europa unida. Não se deve esquecer, no entanto, que não foram os interesses da Europa como um todo que alimentaram essa visão, e sim o interesse dos vizinhos em conter a Alemanha, em domar os ímpetos belicistas para evitar mais derramamento de sangue e novas destruições. Essa foi a razão da geração do pós--guerra em construir uma Europa. A chamada "questão alemã" era uma questão dos vizinhos, dos ex-inimigos, mas também uma pergunta que os alemães faziam para si mesmos: até que ponto interiorizamos os valores do Ocidente — liberdade, capitalismo, democracia? A resposta foi: Europa.

Os alemães aprenderam a lição de lá para cá. Tornaram-se um modelo de democracia, tornaram-se exemplares por abandonar a energia nuclear, por saberem poupar, por serem pacifistas. Trilharam um caminho longo, por vezes difícil. Os fantasmas do passado nem sempre estavam ausentes, mas às vezes surpreendentemente vivos. O "fascismo bem normal, cotidiano" até hoje não foi extirpado, nem na Alemanha, nem em outros países. O que é indubitável é que a Alemanha mudou. Medida em sua História, é a melhor Alemanha que jamais tivemos.

Diante desse pano de fundo, é possível entender que muitos alemães hoje estejam ansiosos por normalidade. Depois de décadas de confissões públicas de pecado, depois de meio século de "nazismo, nunca mais", percebe-se na mídia, na política, na opinião pública um movimento contrário, escutamos um suspiro de um novo "nunca mais": nunca mais os alemães querem cumprir o papel de penitentes, nunca mais querem ser vistos como racistas e belicistas. Preferem o papel de preceptores e pregadores morais da Europa.

Se esse diagnóstico está correto, por que razão não é politicamente de bom-tom falar de uma "Europa alemã"? A resposta é: nas entrelinhas, há um excesso de passado. A fórmula de uma "Europa alemã" está historicamente contaminada e fere um tabu altamente sensível, porque evidencia a nova situação do poder.

Uma Europa alemã: hierarquia em vez de participação com direitos iguais

Repetindo: até agora, acima de tudo, o processo de construção da União Europeia gerou resultados positivos. Os Estados nacionais também foram favorecidos, porque a perda de autonomia nacional foi compensada por uma ampliação da soberania transnacional. O poder mais concentrado da UE pode resolver melhor muitos problemas nacionais do que os diversos países isoladamente. Esse é o jogo de soma positiva da europeização. Mas hoje, com a constelação de poder da Europa alemã, fica claro que a europeização pode assumir duas formas opostas, duas formas de integração e cooperação: a participação igualitária (reciprocidade) ou a dependência hierárquica (hegemonia). É preciso relacionar a distribuição de poder e risco na Europa na perspectiva de ação de países grandes e pequenos, poderosos e pobres, credores e devedores, a fim de poder analisar a dinâmica de conflito entre os países e as sociedades que ameaça rachar a Europa. Visto sob esse ângulo, o que significaria uma "Europa alemã"? A suposta obrigatoriedade da política de austeridade econômica prescrita pela Alemanha fez com que a norma da participação igualitária caísse por terra, sendo substituída com frequência cada vez maior por formas de dependência hierárquica. Quando a concessão de créditos é vinculada a rígidas condições de reforma orçamentária e os respectivos controles, levando à derrocada social de regiões inteiras, inúmeras pessoas perdem a sua base de sobrevivência material, sua dignidade, seu futuro — e, não por último, também a sua fé na Europa. A raiva das pessoas, os protestos e as manifestações na Grécia, na Espanha, na Itália indicam a imensa perda de confiança. As mesmas imagens também constituem o ponto de partida de uma importante descoberta, pois refletem os quatro princípios da estruturação da confiança que formam a base ineluctável de uma sociedade europeia.[55]

Princípio da justiça: Com a ampliação da União Europeia criam-se novas dependências e compromissos. É decisivo que os respectivos processos, bem como os resultados de todos os participantes sejam percebidos como *íntegros* e *justos*.

Princípio da compensação: A questão de como os grandes e poderosos lidam com os países pequenos decidirá se amanhã continuaremos a viver tão bem na Europa — e se a Europa continuará unida também no futuro. É preciso barrar — de forma estável e confiável — usurpações por parte de países poderosos. É preciso haver uma compensação na relação entre países grandes e pequenos, poderosos e menos poderosos. A defesa dos mais fracos deveria ter prerrogativa.

---

55. Cf. ao que segue as explanações de Ulrich Beck e Edgar Grande, *Das kosmopolitische Europa*, op. cit., p. 134 ss.

Princípio da conciliação: Por ser totalmente natural que, num mosaico tão complexo de países, economias, culturas e democracias, existam desigualdades entre os países-parceiros, é necessária uma *política da conciliação* no trato com os parceiros mais fracos. Oposições não podem ser aguçadas por atribuições de culpa e humilhações.

Princípio de não exploração: Finalmente, é preciso embutir mecanismos institucionais suficientemente fortes na arquitetura política da Europa para evitar que os países mais fortes explorem as fraquezas de outros em benefício próprio.

A Europa alemã transgride essas condições básicas de uma sociedade europeia onde se possa viver. A tática da hesitação, de querer domar e disciplinar, destrói a confiança mútua dos cidadãos. A visão de um continente unido se torna a imagem do inimigo.

III
Um pacto social para a Europa

Será que estamos nos movendo em direção a uma era pós-europeia, em que os pequenos Estados ressuscitariam em plena época da globalização? Será que os sentimentos de ameaça e de incerteza já cresceram tanto que a velha "clareza" atrai e que as pessoas iniciam a fuga rumo ao futuro do século 19? Ou será que com o choque do momento em que nos dermos conta de que a União Europeia pode acabar poderá estar começando a transição histórica da política e da sociedade dominadas por Estados-Nação para a dimensão transnacional?

Imaginemos que se esteja construindo a Europa mais grandiosa, bonita, maravilhosa que se pode imaginar — de que adianta, se os próprios cidadãos não a querem assim? Que configuração política uma Europa precisa assumir para que, aos olhos dos cidadãos, se transforme de fantasma em questão afetiva? Uma Europa que, se morrer, faça cada um de nós morrer um pouco também? Uma Europa pela qual valha a pena viver e lutar, e na qual seus cidadãos votariam em uma eleição?

A possível catástrofe da Europa foi analisada a partir da perspectiva das instituições políticas, da economia, das elites, dos governos, do direito, mas não a partir da perspectiva do indivíduo. O que significa a Europa para os indivíduos isoladamente e que princípios podem derivar dela para um novo contrato social? Eis a pergunta que quero investigar neste último segmento. Proponho romper a abordagem convencional, institucional, da UE, e substituí-la pelo ponto de vista do indivíduo. Claro, tratarei também dos componentes para uma nova Europa (Pacto Fiscal, eurobônus, união bancária); mas me interesso menos por uma construção institucional abstrata do que pelas consequências que isso tem para os indivíduos e o que isso significa na visão deles. Neste contexto, surge a pergunta: o que significa o conceito "sociedade europeia dos indivíduos"?

Até que ponto o crescimento da política da Europa encontra aprovação entre seus próprios cidadãos, ou seja, entre os próprios usufruidores da soberania? As pessoas sabem, no fundo de seu ser, que a Europa necessita de novas instituições para sair do imbróglio em que se meteu? E que estas só podem ser criadas através de um grande esforço conjunto, através de uma cooperação que atravessa fronteiras? A disposição de abrir mão da Europa de maneira leviana não estaria baseada na certeza absoluta de possuí-la e na incapacidade de imaginar como seria perder, de uma hora para outra, essa "posse"? Será que a disposição de, no momento do grande risco, ganhar coragem, em última análise não é muito maior do que aquilo que nos querem fazer crer os céticos e os nostálgicos do Estado nacional, amplificados pela mídia? E isso não poderia ser a base de uma política que objetiva algo bem diferente do que a visão de Merkiavel da Europa alemã?

Podemos encontrar um ponto de partida para uma resposta possível em *O contrato social* de Jean-Jacques Rousseau, publicado há 250 anos. Nesse ensaio que continua fascinante até os dias de hoje, Rousseau mostrou como as pessoas podem usar um contrato social para superar o estado de natureza na busca por liberdade e identidade na comunidade. No início do século 21, impõe-se aos cidadãos da Europa o dever de superar o Estado nacional e encontrar um contrato social europeu. Com base em Rousseau, quero apresentar a seguir o que deveria ser estabelecido por tal contrato social e de que maneira ele pode ser realizado.

1. Mais liberdade com mais Europa

A Europa não é — nem jamais será — uma sociedade nacional, pois consiste de várias sociedades constituídas democraticamente. Neste sentido nacional, a Europa também não é uma sociedade. A "sociedade europeia" deve ser compreendida como uma "sociedade pós-nacional das sociedades nacionais". Isso impõe a seguinte tarefa: encontrar uma forma de união europeia que, com sua força conjunta, proteja cada indivíduo em sua sociedade nacional e, ao mesmo tempo, torne cada um mais rico e livre do que antes ao reuni-lo com indivíduos de outras línguas e culturas políticas.

O sociólogo francês Vincenzo Cicchelli fez pesquisas sobre a nova geração da Europa. Seu livro mais recente se chama *O espírito cosmopolita: Viagem de formação da juventude na Europa*.[56] Seu estudo exemplifica por que a Europa, compreendida enquanto espaço de vivência social, significa um *plus* em termos de liberdade e de riqueza cultural para as jovens gerações:

> Por toda parte, na Europa, a juventude se conscientiza de que a cultura de sua pátria certamente é importante e constitutiva de sua identidade, mas não basta para compreender o mundo. Os jovens precisam conhecer outras culturas, pois intuem que as questões culturais, políticas e econômicas estão estreitamente ligadas à globalização. Por isso, precisam conhecer o outro, o pluralismo cultural. Trata-se de um longo processo de aprendizado através de viagens turísticas, humanitárias ou de estudos, mas também interessando-se em casa pela produção cultural dos outros — cinema, séries de TV, romances, arte culinária, indumentária.[57]

---

56. Vincenzo Cicchelli, *L'esprit cosmopolite, voyages de formation des jeunes en Europe*, Paris: Presses de Sciences Po, 2012.
57. Isabelle Rey-Lefebvre, "Die Pfade werden kurviger" ["Os caminhos estão ganhando mais curvas"], entrevista com Vincenzo Cicchelli, in: *Süddeutsche Zeitung* (31/5/2012), p. 15.

Assim, a nova geração vivencia a sociedade europeia enquanto "dupla soberania", como soma de oportunidades nacionais e europeias. No entanto, contrariamente ao que se poderia esperar, os jovens não descrevem sua identidade como sendo europeia. Ninguém é apenas europeu. Os jovens europeus se definem *primeiro* pela sua nacionalidade, e só *depois* como europeus. Uma Europa sem fronteiras e com uma moeda comum oferece aos jovens oportunidades de mobilidade inéditas, e isso em um espaço social com enorme riqueza cultural, multiplicidade de línguas, histórias, museus, culturas gastronômicas etc.[58]

O estudo de Cicchelli também mostra, por outro lado, como no rastro da crise atual essa experiência europeia se fragiliza. A volta de velhas rivalidades e antigos preconceitos (por exemplo, entre o sul e o norte da Europa) abala o reconhecimento mútuo. O que chama a atenção, além disso, é que a jovem geração percebe o mundo das instituições de Bruxelas como algo distante, abstrato e pouco transparente. A juventude experimenta a Europa, mas sem Bruxelas. Sobre isso, Daniel Brössler escreve no jornal *Süddeutsche Zeitung*:

> O problema não é a falta de um sentimento europeu, e sim o fato de que existem pelo menos dois sentimentos. Existe o bom sentimento daquela grande

---

[58]. Em seu manifesto *Für Europa!* [*Pela Europa!*], Daniel Cohn-Bendit e Guy Verhofstadt escrevem: "Ser europeu é o sobrenome, assim como sua própria nacionalidade é o prenome. Nacionalidades nos separam, enquanto a Europa nos une." [München: Hanser, 2012, p. 64].

maioria que já não quer ser privada das grandes liberdades europeias. E existe o sentimento estranho, muitas vezes das mesmas pessoas, de que lá longe, em Bruxelas, existe um universo paralelo que foge à própria vida.[59]

Apesar de toda essa ambivalência, constatamos que existem cada vez mais jovens que vivenciam a Europa — basta pensar em todos os universitários do Programa Erasmus em Madri, Berlim ou Cracóvia.

Não é no mínimo curioso que a experiência da Europa vivida na prática não seja citada no atual debate sobre a crise do euro e da Europa? A meu ver, isso se deve sobretudo ao fato de que os políticos, bem como os cientistas políticos que tratam da Europa, pensam a integração europeia de forma unidimensional e orientada nas instituições. A integração da Europa é compreendida enquanto processo que se dá de forma *vertical*, ou seja: as instituições europeias (a Comissão ou o Conselho) ordenam algo que precisa ser concretizado nas diferentes sociedades nacionais. A europeização *vertical*, portanto, significa a integração dos Estados nacionais no nível das instituições.[60] Conforme aponta o estudo de Cicchelli, esse lado institucional continua alheio e distante para a "geração Erasmus", a qual vivencia a experiência da

---

59. Daniel Brössler, "Das gefühlte Europa" ["A Europa sentida"], in: *Süddeutsche Zeitung* (29/6/2012), p. 4.
60. Ulrich Beck; Edgar Grande, *Das kosmopolitische Europa*, op.cit.

Europa ultrapassando todas as fronteiras, numa integração, por assim dizer, *horizontal*. O esquecimento da sociedade europeia dos indivíduos, portanto, se explica pelo fato de que a Europa que se vive não aparece na integração vertical focada nas instituições, enquanto, contrariamente, a integração vertical não está presente no horizonte da experiência dos indivíduos. Em resumo: de um lado, temos a casa abstrata das instituições europeias, mas os quartos dessa casa estão vazios. Do outro lado, há os jovens que vivem na Europa, mas que não querem se mudar para a casa que está sendo erigida para eles em Bruxelas. A insensatez em tudo isso é que ninguém percebeu essa contradição ainda.

Há mais de 150 anos estamos acostumados a entender sociedades no sentido de um Estado-Nação, ligado a um determinado território com fronteiras geográficas claramente definidas, um direito que vale para todos os cidadãos, uma cultura relativamente homogênea, um sistema educacional comum, uma linguagem burocrática etc. Os jovens que hoje transitam com grande naturalidade entre Lisboa e Helsinki, entre Dublin e Tessalônica, têm um conceito totalmente diferente da sociedade europeia. Eles vivenciam a Europa acima de tudo enquanto sociedade móvel de indivíduos, gostam da permeabilidade das fronteiras nacionais, da diversidade de culturas, línguas, sistemas jurídicos, formas de vida etc. Nesse sentido, o que vale é: mais liberdade através de mais Europa.

2. Mais segurança social com mais Europa

O novo contrato social precisa proteger essa grande liberdade cosmopolita dos ataques dos nacionalistas ortodoxos, que anseiam por uma nova clareza e novas fronteiras. Mas não bastará defender o *status quo*. Afinal, a sociedade europeia dos indivíduos hoje é ameaçada por um capitalismo de risco que dissolve ambientes morais, pertencimentos e sentimentos de segurança, que gera novos riscos e os descarrega nos ombros dos indivíduos isolados. A política de austeridade econômica com a qual a Europa atualmente responde à crise financeira desencadeada pelos bancos é percebida pelos cidadãos como uma enorme injustiça, pois eles pagarão com sua própria existência pela leviandade com que os banqueiros gastaram somas inimagináveis. Na verdade, está na hora de virar o jogo: não precisamos mais de *bailouts* (injeções de liquidez) para os bancos, e sim de um mecanismo de salvação social para a Europa das pessoas, dos indivíduos. Essa Europa solidária (ficamos até tentados a desencavar o conceito mais antigo de "Comunidade Europeia") seria mais justa e teria mais credibilidade aos olhos das pessoas reais. Até agora, liberdade e maximização de riscos individuais andavam de mãos dadas. Se as pessoas querem vivenciar a Europa como algo que faz sentido, o lema deve ser: mais Europa gera mais segurança social!

No início dos anos 1980, Ralf Dahrendorf vaticinou o "fim da era da social-democracia".[61] Isso pode até ser verdade no âmbito dos Estados nacionais, pois a visão de uma democracia social e ecológica dorme como a bela adormecida nas rotinas do *welfare state*, que, diante da força destrutiva do capitalismo global, se veem diante de cofres vazios. As pessoas se sentem desprotegidas em relação aos novos riscos, o tufão da crise financeira e do euro varre o continente e aguça dramaticamente as desigualdades sociais em todas as sociedades. A questão social se tornou uma questão global para a qual não existem mais respostas nacionais. Isso, na velha linguagem, aproxima-se ou equivale a uma situação pré-revolucionária. Também aqui, a antecipação da catástrofe faz crescer sua força mobilizadora.

O novo contrato social que quer ganhar as pessoas para a Europa precisa tentar inaugurar uma era social-democrática no plano transnacional, ao mesmo tempo em que responda à seguinte pergunta: como projetar a utopia realista da seguridade social de forma a que não desemboque em duas ruas sem saída — a nostalgia pelo *welfare state* nacional ou a febre reformista dos sacrifícios neoliberais. Como despertar a consciência social e ambiental da Europa e do mundo e a transformar

---

61. Ralf Dahrendorf, *Die Chancen der Krise. Über die Zukunft des Liberalismus* [*As oportunidades da crise. Sobre o futuro do liberalismo*], Stuttgart: Deutsche Verlags-Anstalt, 1983, p. 16 ss.

em movimento político de protesto? De que maneira gregos furiosos, espanhóis desempregados, alemães inseguros — ou seja, os integrantes da classe média à beira do precipício — podem se juntar na Europa ou mesmo no mundo inteiro para formar um sujeito político que faça vigorar o novo contrato social?

Os partidos políticos estabelecidos teriam de conseguir algo como a quadratura do círculo: teriam de conseguir o salto da política europeia para o âmbito transnacional — tanto em termos de organização quanto em termos programáticos — e, ao mesmo tempo, ganhar as eleições dentro de seus países.

3. Mais democracia com mais Europa

A transformação europeia muitas vezes é pensada a partir das instituições. Quando perguntamos por mais democracia, logo surgem sugestões de reformas institucionais, discute-se o rol de funções do Parlamento europeu etc. Mas a pergunta pela democracia também deve ser feita do ponto de vista dos indivíduos, *de baixo para cima*, a partir da balbúrdia da integração horizontal. Só quando as pessoas compreenderem a Europa como sendo seu projeto, só quando as pessoas tiverem condições de adotar a perspectiva dos cidadãos de outros países europeus fará sentido falar sobre integração vertical e democracia europeia.

Trata-se, portanto, da compreensão mútua, da capacidade de ver o mundo com os olhos dos outros — o olhar cosmopolita. E como pode ser isso? Vejamos o seguinte episódio. Em um artigo, a correspondente na Itália do jornal *Süddeutsche Zeitung* assume a perspectiva dos países do Sul e descreve como estes percebem a postura do governo alemão e das instituições internacionais:

> Poupar, poupar, poupar. Informar, eliminar gorduras. E rapidamente, para não rodar e tirar zero. As professoras do Sul são duas mulheres muito diferentes à primeira vista: a elegante francesa Christine Lagarde e a determinada alemã Angela Merkel. Lagarde costuma estar sempre elegante, sem um só fio de cabelo fora do lugar, é ascética, por questão de princípio não se permite nem mesmo uma tacinha de vinho. Merkel não é tão rígida consigo própria e com os seus cabelos. Já com os outros...[62]

A visão das duas poderosas senhoras é marcada por uma atitude protestante de renúncia, de abdicação. "Elas não absolvem, desconhecem o perdão. Elas negariam isso, naturalmente, mas é assim que o Sul as vê." Essas últimas palavras introduzem o ponto de vista cosmopolita, ou seja, o "Norte" se conhece a partir do olhar do "Sul". Autores céticos quanto à produção de

---

62. Birgit Schönau, "Der Süden" ["O Sul"], in: *Süddeutsche Zeitung* (16/6/2012).

uma sociedade europeia costumam argumentar que as sociedades nacionais são integradas por valores, e que não existem atualmente tais valores no plano europeu. No lugar disso, existem numerosos conflitos, os debates em torno da salvação do euro e a política de austeridade. Birgit Schönau chega a falar em uma "guerra cultural". O olhar cosmopolita poderia promover a união nesta Europa em conflito. Isso significaria, por exemplo, que os alemães individualmente deveriam aprender a se colocar na situação dos gregos e "ver" o que lhes dá medo, causa sofrimento, amargura, raiva — não por último, também o que significa, para eles, a ação da Alemanha, por que a percebem como sendo atos de arrogância, ignorância, novo imperialismo. E pede, ao mesmo tempo, que os gregos individualmente se coloquem no lugar dos alemães e tentem "ver" por que tantos acusam os gregos de corrupção, falta de moral fiscal, esbanjamento.

Se a capacidade de entrar na perspectiva dos outros for a condição para surgir uma democracia europeia, então precisaremos de uma campanha de alfabetização cosmopolita para a Europa. Como superar a hegemonia cultural de seus céticos, que somente conhecem uma Europa dominical, exangue, e criar outra do dia a dia dos cidadãos? Como assegurar que o máximo de pessoas tenha a chance de se enxergar com os olhos dos outros? Como transformar a ação conjunta na base da participação democrática na Europa?

"*Doing Europe*" foi a resposta apresentada em maio de 2012 por Helmut Schmidt, Jürgen Habermas, Herta Müller, Senta Berger, Jacques Delors, Richard von Weizsäcker, Imre Kertész e outros europeus renomados. Por acharem que qualquer democracia europeia deve crescer *de baixo para cima*, por compreenderem que não existe um "povo europeu", e sim uma Europa dos cidadãos, que ainda precisam se tornar os soberanos da democracia europeia, eles pedem que se introduza um ano europeu voluntário para todos.[63] Não só a geração mais jovem e os membros das elites culturais devem poder, no futuro, realizar um pedaço da Europa em outro país, outro espaço linguístico; também os profissionais normais, os aposentados e os desempregados têm este direito.

Vamos supor que o ano europeu voluntário já esteja em vigor. Frank Schuster, 44 anos, bancário de Lüneburg, participa durante um ano de um projeto ambiental em Atenas e faz novas amizades durante este tempo. Testemunha como a aposentadoria da mãe de um amigo grego sofreu vários cortes, como vizinhos se mudavam por não conseguirem mais pagar o aluguel, como lojas da rua se fechavam, como as pessoas

---

63. Ulrich Beck; Daniel Cohn-Bendit, "Wir sind Europa! Manifest zur Neugründung der EU von unten" ["Nós somos a Europa! Manifesto para a recriação da UE de baixo para cima"], in: *Die Zeit* (3/5/2012), p. 45. Quem quiser aderir ao nosso chamamento pode acessar: <http://manifest-europa.eu/allgemein/wir-sind-europa?lang=de>.

se sentiam profundamente feridas em sua dignidade por causa da ordem de austeridade. De volta à Alemanha, escuta, perplexo, como a mídia, os políticos e as pessoas no seu dia a dia falam mal dos "gregos falidos". Enquanto, na Alemanha, grassa a acusação de que os gregos vivem acima de suas possibilidades, ele viu o contrário: cada vez mais gente caminhando para a condição de pobreza.

Ou Brigitte Reimann de Passau, 28 anos, designer. Depois de concluir a universidade, não consegue emprego e entra em um projeto em Varsóvia com a finalidade de editar um livro de história teuto-polonesa. Ela é recebida com grande simpatia, mas em vários momentos percebe que a diretriz alemã de austeridade desperta recordações do imperialismo militante da Alemanha. Um belo dia, o vizinho aposentado pergunta: "O que o seu avô fez naquela época?" Brigitte olha para ele e responde: "Meu avô tinha quatorze anos quando a guerra acabou." O vizinho para um momento e diz, baixinho: "Desculpa!"

O ano europeu voluntário institucionalizaria a "dança do entendimento mútuo" (Charles Taylor), respondendo de maneira muito própria o que a Europa significa para cada um. Permitiria a identificação democrática e a participação dos indivíduos e construiria, assim, uma ligação frequentemente crítica entre a vida e a ação própria e o (na visão de muita gente) Nirvana tecnocrático chamado Bruxelas.

Quem equiparar os déficits da democracia europeia com a questão de como os Parlamentos nacionais se relacionam com o Parlamento europeu, ou como a Suprema Corte Constitucional alemã se relaciona com o Tribunal de Justiça europeu, facilmente passa por cima do fato de que nessas alternativas a democracia é vista, por assim dizer, de maneira vertical, sem considerar como os cidadãos de cada país podem se tornar europeus com ação soberana. O ideal em que se mede frequentemente a concretização da democracia europeia ainda tem suas raízes na era dos Estados nacionais, com "populações" cuja vontade é representada e concretizada por instâncias democráticas. Na Europa das pessoas físicas, essa precondição não foi realizada. Por isso, a democracia só pode se tornar viva na medida em que as próprias pessoas se apropriem do projeto e construam a Europa conjuntamente. É precisamente o que quer dizer o lema: mais democracia através do programa *"Doing Europe"*.

A perspectiva na democracia que vem de baixo estaria incompleta, se não for completada pelo olhar na arquitetura das instituições de uma democracia europeia. Falta resolver o dilema de como assegurar a democracia nacional, enquanto a democracia transnacional ganha autoridade. Do ponto de vista das pessoas, o déficit da arquitetura que está em vigor é que, nas eleições para o Parlamento Europeu, não se decide efetivamente sobre o destino da Europa. E ainda que, nessas eleições, efetivamente se decidisse sobre temas europeus, não estaria claro com que meios financeiros esta política europeia poderia ser concretizada em seguida. Afinal, a Europa — e é precisamente o que mostra a crise da dívida — depende de dinheiro dos diversos países-membros.

Portanto, uma Europa democrática precisaria de um orçamento próprio. Agora é fácil imaginar como os cidadãos reagiriam se tivessem que contribuir com parte de seus rendimentos a título de uma "taxa de solidariedade europeia", ou se o imposto de circulação de mercadorias fosse aumentado, sendo os rendimentos adicionais transferidos para a Comissão. Neste ponto poderiam entrar em jogo o tão debatido imposto sobre transações financeiras, um imposto bancário ou uma contribuição europeia sobre lucros empresariais. Desta maneira, seria possível domar o capitalismo de risco em curso e responsabilizar os causadores da crise pelas consequências; por outro lado, a Europa democrática finalmente se tornaria apta a agir.

Isso soa utópico e ingênuo. Mas quando o euro e a Europa ameaçam ruir, é preciso repensar tudo. Sim, essa crise leva a uma reavaliação do realismo. O que até agora era tido como "realista" se torna ingênuo e perigoso, pois leva em conta a ruptura. E o que era tido como ingênuo e ilusório se torna "realista", porque tenta evitar a catástrofe e, além disso, melhorar o mundo.

4. A questão do poder: quem faz vigorar o contrato social?

Quem perguntar sobre como o novo contrato social na Europa pode ganhar poder precisa buscar uma aliança de nações cosmopolitas dispostas a assumir um papel de vanguarda a fim de reconquistar seu poder e sua dignidade na Europa e no mundo. Que países poderiam ser cogitados para essa coalizão cosmopolita?

Pela teoria do poder, essa coalizão deveria ser forjada entre países que já sofrem agora com dívida pesada (endividamento este que não têm condições de resolver sozinhos, ou seja, para o qual precisam da cooperação e solidariedade europeias), e países que até agora se beneficiaram da Europa e cujos ganhos agora podem se perder com a ameaça de ruptura do euro ou até da UE. À primeira categoria pertencem a Itália e a Espanha, talvez em breve também a França. A França do governo Hollande talvez ainda precisasse vencer a imagem da *"grande nation"*, mas também aqui existe um subtom maquiavélico: quanto mais pressão econômica a França sofrer, mais atraente pode ser para ela a possibilidade de ressuscitar dentro da união política europeia.

Na segunda categoria, neste momento, cai principalmente a Alemanha. O país sem dúvida se beneficiou política, econômica e moralmente com a Europa, o euro, mas também com a crise. Por isso, está no mais alto interesse do país fazer avançar a união política da Europa. Quem hoje reivindicar um caminho nacional isolado estará agindo de forma paradoxalmente antipatriótica, por não reconhecer que equivaleria a um suicídio político se a Europa morresse por causa da sovinice dos alemães, pois sem o euro e a Europa também não se pode defender o nicho de bem-estar que é a Alemanha.

Contrariamente ao pessimismo disseminado podemos afirmar que, visto de forma "realista", todos os países mencionados (e por que também não países como a Polônia?) têm interesse em mais cooperação e solidariedade europeia e, por isso, na concretização do novo contrato social para a Europa.

Vamos supor que na Alemanha acontecesse uma mudança de opinião (e, talvez, para isso fosse necessária também uma mudança de poder), e o país se colocasse à frente dessa coalizão (não importa que países estivessem participando). Qual a alavanca de poder para concretizar o novo contrato social? Em princípio, devemos para isso modificar a matemática do poder de Merkiavel de uma Europa alemã, ou seja, em lugar de condicionar a concessão de créditos à disciplina orçamentária e às reformas neoliberais, futuramente ela estaria condicionada à disposição de apoiar o novo contrato social, abrir mão de direitos de soberania como a autonomia orçamentária em favor da autonomia europeia e, assim, ajudar a criar passo a passo a união política. "Quem quer contrair dívidas conjuntamente", escreve Jan Hildebrand no jornal *Die Welt*, "não pode mais decidir sozinho sobre receitas e despesas."[64]

O nó da questão é que a alavanca de poder precisa ser construída de tal maneira que as duas coisas — a união de todos os países para avalizar a dívida europeia e o contrato social — precisam ser colocadas em vigor simultaneamente. Neste momento, o presidente François Hollande pleiteia, como primeiro passo, o aval conjunto e, como segundo passo, trabalhar na união política da Europa, o que pode significar um adiamento até o Dia de São Nunca. Diante da catástrofe que se desenha no horizonte, a questão é atacar ambos os problemas simultaneamente.

Se isso pudesse ser feito, seria até possível ganhar dois outros aliados para o contrato social europeu. Em primeiro lugar — o que pode soar paradoxal — os atores dos mercados financeiros globais, que em face de uma clara profissão de fé favorável a uma Europa política possivelmente reconquistariam a confiança e investiriam, já que haveria uma instância que, no caso de crise, avalizaria possíveis perdas; e segundo as populações dos países devedores, que no momento protestam contra a política de austeridade neoliberal, mas que se identificariam com o projeto de uma Europa política com a perspectiva de um modelo transnacional da democracia social.

---

64. Jan Hildebrand, "Merkel hält Kurs", in: *Die Welt* (21/6/2012).

5. Uma primavera europeia?

Repetindo: do ponto de vista do observador sociológico, deveria ser do interesse dos países citados brandir a bandeira da concretização de um novo contrato social europeu. Mesmo se amanhã — e aqui estamos no cerne da teoria do risco — a antecipação da catástrofe fizer acontecer coisas que ontem ainda eram impensáveis, é preciso se dar conta de que no momento há poucos indícios de que o governo alemão ou outros estejam prestes a se bandear para o lado dos arquitetos da Europa. Compartilho, neste particular, o ceticismo de Jürgen Habermas: "A redescoberta do Estado nacional alemão, o novo modo de uma política míope e sem bússola e a integração das classes política e midiática podem ser as razões para o fato de a política não ter mais fôlego para um projeto tão grandioso como a unificação da Europa".[65] Isso significa que a perspectiva de um contrato social europeu acaba? Não necessariamente. A esse respeito, Habermas escreve:

> Talvez o olhar esteja dirigido muito para cima, para as elites políticas e a mídia — para a direção errada. Talvez as motivações que nos faltam só possam ser pro-

---
65. Jürgen Habermas, "Ein Pakt für oder gegen Europa?" [*Um pacto para ou contra a Europa*], in: *Idem*, Zur *Verfassung Europas. Ein Essay* [Sobre a Constituição europeia. Um ensaio], Berlim: Suhrkamp, 2011, p.120-129, p. 128.

duzidas embaixo, pela sociedade civil. O abandono da energia nuclear é um exemplo de que as obviedades político-culturais — e, com elas, os parâmetros da discussão pública — não acontecem sem o árduo trabalho de formiguinha dos movimentos sociais.[66]

Há pouco tempo vivenciamos uma Primavera Árabe,* com a qual absolutamente ninguém contava. À Primavera Árabe seguiu-se um acalorado Outono Norte-americano, quando os ativistas do movimento *Occupy Wall Street* ocuparam o parque Zuccotti em Nova York. Em um país em que antes praticamente ninguém duvidava que o capitalismo seria a melhor de todas as organizações sociais possíveis, de repente se escutaram clamores por alternativas. O movimento *Occupy Wall Street* se arvorou em porta-voz dos 99% de norte-americanos atropelados pela crise, contra 1% que dela se beneficiou. E sua palavra de ordem *"we are the 99 percent* [nós somos os 99%]" chegou aos jovens não apenas em outras cidades americanas, mas também em Londres e Vancouver, Bruxelas e Roma, Frankfurt e Tóquio.

De repente, não se protestava mais contra uma única lei ruim ou alguma medida, mas contra o próprio

---

66. *Ibidem.*
* [N.R.T.] A expressão "Primavera Árabe" é usada para agrupar uma série de levantes populares em sequência que aconteceram, principalmente em 2011, na Tunísia, Egito, Líbia e Iêmen, com consequências diversas em cada um destes países.

"sistema". O que antes era chamado de economia de livre mercado e voltou a se chamar capitalismo foi posto à prova e submetido a uma crítica fundamental, e por um momento o mundo inteiro escutou. Depois da Primavera Árabe e do Outono Norte-americano, poderia voltar a acontecer em breve um Outono, Inverno ou uma Primavera Europeia? Uma resistência contra a política de austeridade do euro alemão? Um movimento social europeu que vá às ruas em nome de um novo contrato social? Naturalmente, vimos nos últimos dois ou três anos como os jovens protestaram contra os efeitos da política de austeridade neoliberal em Madri, Tottenham ou Atenas, chamando a atenção para o seu destino enquanto geração perdida. É bem verdade que essas manifestações de certa forma ainda eram presas ao dogma do Estado nacional. As pessoas se defendiam nos diferentes países contra a política teuto-europeia adotada pelos seus governos. E, no entanto, está mais do que na hora de que também as "pessoas supérfluas" (Zygmunt Bauman), o precariado, a classe média ameaçada de despencar economicamente, os jovens com boa formação e sem oportunidades de emprego, os idosos cujas aposentadorias sofrem cortes — enfim, todos os que, em toda a Europa, formam o grande "dano colateral humano" causado pela política de austeridade — devam levar em conta o imperativo cosmopolita: precisam cooperar através das fronteiras e se engajar conjuntamente não por "menos Europa", e sim, de baixo para cima, por uma união política comprometida com princípios social-democráticos, a única possibilidade de combater eficazmente as origens da miséria.

A política e a ciência política tradicionais têm uma fraqueza em comum: subestimam o poder dos impotentes, o poder dos movimentos sociais, especialmente em situações transnacionais de risco. Para compreender esses movimentos, é razoável distinguir entre a política institucionalizada (partidos, governos, Parlamentos) e a subpolítica não institucionalizada dos movimentos. De fato, nas últimas décadas, atores subpolíticos e redes não associados a territórios e prioridades nacionais têm colocado na ordem do dia as questões da sobrevivência ecológica, da igualdade de gênero e, não por último, da crise financeira contra a resistência das elites políticas, econômicas e da mídia. Nesse sentido, a força de mobilização do risco desassocia a política dos atores e foros convencionais. O imperativo cosmopolita "cooperação ou fracasso" empodera especialmente os movimentos sociais pró-Europa.

De onde adviria o poder de um movimento pró-Europa de baixo para cima? Como já vimos, a crise do euro retirou definitivamente a legitimidade da Europa neoliberal. A consequência é: existe uma assimetria de poder e legitimidade. Muito poder e pouca legitimidade do lado do capital e dos países, um poder reduzido e alta legitimidade do lado daqueles que protestam. O movimento poderia se aproveitar desse desequilíbrio para fazer reivindicações básicas, como tentar fazer aprovar — contra a obstinação dos nacionalistas ortodoxos — um imposto europeu sobre transações financeiras, que, na verdade, está no interesse próprio dos países. Quem sabe talvez até surja uma coalizão entre o movimento de protesto e a vanguarda dos arquitetos da Europa, permitindo o salto para uma capacidade de ação no nível transnacional.

Contra a rápida falta de perspectiva, por último, talvez ajude entender que os adversários mais poderosos da economia financeira global não são aqueles que, no mundo inteiro, armam suas barracas em grandes praças e diante das "catedrais" dos grandes bancos — dada a condição quase sagrada e intocável destas instituições. O adversário mais convincente e mais persistente da economia financeira global é a própria economia financeira global.

Isso pode lembrar o esperançoso verso de Hölderlin, que diz o seguinte: "onde existe o perigo, ali também germina a salvação." Atualizado e aplicado à Europa, poderíamos dizer: "onde existe o perigo, ali germinam os mecanismos de salvação" e as chances de um forte movimento pró-Europa. Pelo que observamos, no entanto, o contrário também pode acontecer: com os mecanismos de salvação, cresce o perigo. Pois a crise do euro também gera — até agora, sem obstáculos — a Europa alemã.

Este livro foi composto na tipologia
Dante MT Std, em corpo 12/16,5,
e impresso em papel off-white no
Sistema Cameron da Divisão Gráfica da
Distribuidora Record.